JN096780

中世「村」の登場

——加賀国倉月荘と地域社会

若林陵一

桂書房

目次

中世「村」の登場——加賀国倉月荘と地域社会

序章

中世後期、各地では、ひとつの荘園に複数の「村」と領主権力があらわれた。特にその各「村」が現代にまで連続する集落として評価される。本書ではその周辺を含めた在地社会の状況について、領主権力・諸勢力とのかかわりを踏まえて考察する。ここでは現時点での課題を具体的に把捉するためにも最初に、中世後期の村にかかわる研究史を少し整理しよう。

1．中世「村」の研究史と課題

荘園村落と「惣」

1ではいくつかのテーマに絞り先行研究を紹介したい。特に中世後期の「村」は、荘園制や「惣」の社会とのかかわりも強かった。

まず、石田善人氏(1)は中世村落共同体のあり方として「惣」に着目し、「惣村」の形成過程や機能・構造として鎌倉期の「惣庄」から室町期の「惣村」への流れ（小農民の成長）をとらえた。続いて仲村研氏(2)は、中世後期村落における農民と「村落領主」（土豪）との関係・支配について論じ、そのなかで当該期の惣荘と惣村の重層構造を指摘した。峰岸純夫氏(3)は、十四・五世紀における「惣」の特徴のひとつに同社会の核となる土豪の存在をあげ、「惣」は郷と村による二重構造のかたちで形成されたとした。一方、三浦圭一氏(4)は土一揆の盛行にみられた惣村の実態について論じ、惣村内部の経済問題や土地所有、「小村」の包摂、村落共同体の矛盾（内外の身分秩序や差別）などを指摘した。続いて黒田弘子氏は、[5]紀伊国鞆淵荘・粉河寺領東村を事例に農民闘争や灌漑（池・用水）、鎮守・宮座をめぐる番頭・百姓等の動向より惣村の成立、自治的性格を論じた。田端泰子氏は、[6]惣・村落のあり方について生産的機能・政治的機能・内部規制に分けて評価し、諸機能をどの階層が把握しているかをみて、各村落を「在地領主型村落」「地侍（主導）型村落」「村人型村落」に分類した。

なお、これ以前の研究では村落と領主の関係、「惣」と村落構造の問題をひとつのかたちで議論する傾向にあったが、田端氏は新しく村々の多様性をとらえた。ただし、この時点の研究ではいまだ村落のすがたが見えづらく、机上の類型論にとどまっていた感は否めない。この点は後にも触れよう。

村請制論と自力の村論

その後の研究で次に勝俣鎮夫氏は、[7]和泉国日根荘入山田村を事例に村請制の展開、戦国期に荘園制から（近世幕藩制でなく）村町制へと移行したシェーマを示した。そして、近世・近代の社会までをとらえ、百姓の「公」を支える「村」（課役収納・請負の主体）が自立した状況、百姓は領主に「領民保護義務」を要求し、領主との「相互交換的関係」を意識したことを指摘した。

一方、藤木久志氏は[8]農民の個だけではない「村」集団に着目し、自検断や村の武力・作法に象徴される「自力の村」像を追究した（自力の村論）。また、ここでは中近世の「村」をとらえる際に、それを統一政権による自力の否定（断絶）としてではなく、移行期村落論＝継続の視点が提唱された。

これら両研究は中世末からの「村」の成立を評価し、ともに近世（以降近現代へ）に続く社会集団として「村」の自立、自力のすがたをとらえた画期的な成果であった。ただし、この頃までの研究は、単村のみを取り上げる傾向にあったのではないか。こうした研究傾向は後述する地域社会論を通して幾分解消されるが、それ以降の当該研究としては次の二点をあげたい。

まず、神田千里氏[9]は勝俣氏の戦国期における荘園制から村町制への転換、それが近代社会への出発点になったとの指摘を支持した。そして、本書とのかかわりで言えば、自立的な「村」とその社会における平和・秩序を守る「公」として加賀一向一揆を位置付けた。

次に長谷川裕子氏[10]は、十五～七世紀の村請にみる「村」構造を中近世移行期の連続したものと評価し、特に一般百姓とは別に経済的・政治的に果たした土豪の機能（「村」にとって支配者から担い手へと再評価）、実態を重視した。

地域社会論

以上の「村」研究の一方、単村にとどまらない、もしくは制度的枠組にとらわれない視点を持った地域社会論研究が一九八〇・九〇年代に盛んになった。特に歴史学研究会日本中世史部会ワーキンググループ[11]は、一連の地域社会論研究のうち自立的な「村」集団に着目した視点・成果等を整理した。

続いて榎原雅治氏[12]は中世後期の「村」成立について、地域社会における惣荘と荘郷鎮守・政所の機能、近世社会への方向を論じた。そして、「村」（惣村）の一方で惣荘は、守護との交渉・接触や地域社会における村々の広がりのもと機能した。しかし、十六世紀半ばにその惣荘は弱体化し、「村」が国家的に認定されるようになったと指摘した。

また、湯浅治久氏[13]はこれらの成果と並行して、中世後期の地域社会における領主と村落・百姓との合意形成、その関係を「公方」と「地下」の構造（公方・地下体制）として説き、畿内近国では地域社会編成を双方の共同関係が保障したと指摘した。

稲葉継陽氏[14]も地域社会論の視点を以て、荘園から村・町が分出し荘園制が再編された様子を論じた。そして、戦国期の村・町にとっての荘園制の役割や、国制を構成する法人格として「村」の成立をとらえ、近世・近代に至る、秩序と平和の社会が形成される過程を追究した。

地域社会論に対して

地域社会論に対しては次のような見解も出された。蔵持重裕氏[15]は先にあげた自力の村論の立場から、地域社会においては「村」（物村）もただ時系列的に登場するだけの自然村ではなく、住人が意識的・政治的に創出した村落形成史の面を指摘した。そして、近江国菅浦（荘）等を事例に同「村」の国家性を重視した。

一方、池上裕子氏[16]・西村幸信氏[17]・志賀節子氏[18]はともに村落上層の動向や制度的枠組に注目し、逆に自力の村論やそれと連動した地域社会論の成果を同「村」における階層差・階層矛盾や小領主の動向、領主権力の存在意義を軽視したものと批判した。そして、戦国期の村落上層の実態や近世社会に向けての転換を指摘した。

加えて伊藤俊一氏[19]は、南北朝・室町期の地域社会で荘園制が再編され生き続けるすがた、「室町期荘園制」の実態を論じ、その荘園における「職」の一円化や沙汰人層の台頭、「荘家」体制の形成、守護権力との接触等を説いた。

橋本道範氏[20]は、近江国野洲郡兵主郷等の変遷について湖辺の生業・環境より論じ、そこでの「自力の村」に対する村落の多様性・流動性の存在を指摘した。先述した通り、早くに田端氏の村落類型論[21]も多様な村のかたちを示したと言えるが、橋本氏の場合は、それを一定の範囲内・現地調査をもとに指摘した点が大きい。

なお、筆者も近江国蒲生郡を事例に、同じく地域社会の展開や「郡」の枠組、「村」の多様性に言及することがあった。[22]

村落文書論

村落で作成・集積された文書群に着目した村落文書論の成果は、本書にも大きくかかわる。早くに、薗部寿樹氏[23]は中世後期の村落文書（惣村文書）の形成について論じ、そこでの口頭から文字による伝達社会の変遷、村落定書や据えられた署判（惣判・惣印・木印）などに注目した。

田中克行氏[24]は近江国菅浦荘を事例に十四～五世紀、同荘における「惣」結合の画期や共有文書（『菅浦文書』）の集積過程・機能等を論じた。そこでは『菅浦文書』のうち一部だけではなく、文書群の全体を徹底的に活用し、同惣村文書と菅浦「惣」の成立を関連付けた。田中氏の研究は、惣村と領主権力・地域社会のかかわりをとらえる上でも画期的な成果であった。

その田中氏は複数の史料・文書群から一所をとらえる手法をとったが、さらに坂田聡氏[25]は丹波国山国荘（山国地域）の社会をみる上で、中世から近世への在地文書（複数の家文書）をまとめて取り上げた。同じく春田直紀氏[26]は、朝廷・幕府・領主権力側の一方、荘園の現地・在地社会に集積された「地下（じげ）文書」に着目し、そこでは惣村文書や土豪文書に加え、現地（＝「地下」）にのこされた文書・文字史料（多様な作成・管理主体）を総合的に把握しようとした。

そして、現在ではこのように、複数の文書群・視角からひとつの荘園・村落を考察する作業が必要な研究状況にあると言えよう。この点には筆者も、近江国奥嶋荘・津田荘を事例に言及することがあり[27]、同じく本書でも意識したい。

近年の研究へ―中近世と領主への意識

近年も、中世後期の村を取り上げた研究が多く知られる。そのうち似鳥雄一氏[28]は中世後期における荘園経営について、帳簿類の分析や下地中分・代官請負の事象を通して、村落自治や領主権力との積極的な関わり（領主の支配・機能）を追究した。そして、惣村における商業・金融活動や、多様な生業のあり方も指摘した。

高木純一氏[29]は中近世移行期の村落について、一定の舞台で中世・近世の実態をみていく作業が必要であるとし、東寺領山城国上久世荘を事例にした。そして、室町期荘園制における村落と荘官、領主とのかかわりに着目し、近世村落への移行・変遷までを位置付けた。

熱田順氏[30]は、中世後期から近世・近代にかけての「村」と領主・上位権力のかかわり、代官・中間層の動向について追究した。そして、同時に「村」の自治がどのように形成されたか、中世後期の荘園領主が存在する意義や、近世の「村」（基礎単位）が登場する経過・背景を分析した。

以上、近年の研究では共通して、中世後期荘園制と近世以降の村落・社会、多様な「村」のすがた、領主権力や村落内階層の存在が意識されている。しかし、それらの考察はいまだ途中の段階にあろう。特に本書では、次の2で触れる通り多様な「村」々を同時にみる作業、一定の領域・制度的枠組のなかで考察する作業に取り組みたい。

2．本書の視点・構成

さて、現代社会・集落にまでつながる「村」の成り立ち、その過程のなか最たる画期が中世後期に設定でき、[31]そのような「村」が有する大きな特徴が自力であった。[32]本書ではそれら当該期の自立した「村」という視点をまず重視したい。

ただし、中世後期の「村」は自力の村だけではなく、複数の多様な「村」[33]があり、それらを一定の地域社会のなかで同時にみる作業が一方で必要と考えられる。そして、先行研究にもある通り、そこでは「庄」や「郡」など複数種類の制度的枠組にも注意が求められよう。特に多様な村々はひとつの荘園のなか、それぞれが割と近接したかたちで並存した。本書ではその点にも注意したい。

そして、本書で考察するその舞台には加賀国倉月荘（現在の石川県金沢市北東部。浅野川下流域・周辺地域）を据えたい。同荘はもと河北郡と石川郡に跨がった箇所[34]に位置し、荘内には複数の集落（「村」）ができた。また、同荘は鎌倉・室町両幕府の御家人摂津氏の所領として有名であるが、のち一部は別に宝幢寺や南禅寺に寄進され、加えて中山家領も確認されるなど、領有状況が複雑になる様子が知られる。

本書では倉月荘内で「村」々が登場するすがたを複数の領有主体や「郡」の枠組とかかわらせながらみて行きたい。では、次に各章の表題を掲げ、それぞれの概要を確認しよう。

序章
第Ⅰ部　倉月荘の「村」成立と領有状況
第一章　倉月荘における領有状況の錯綜と在地社会
第二章　室町・戦国期倉月荘の「村」々と在地社会
補足　倉月荘から近世の「村」へ
付章一　加賀国得橋郷の村々と中世社会
第三章　倉月荘の「村」と本願寺勢力・一向一揆

第四章　倉月荘の境界周辺荘園と「村」
第Ⅱ部　中世後期の「村」社会と郡・庄─倉月荘と近隣・他の荘園村落
第五章　中世後期の村落間相論にみる村社会と枠組
第六章　加賀国倉月荘・越中国般若野荘にみえる村と社会の枠組
付章二　越中国般若野荘における社会の枠組
付章三　能登国町野荘をめぐる郡と地域
第七章　中世後期倉月荘における「村」と領主・「郡」

第Ⅰ部では倉月荘における「村」の成り立ちを、同荘社会の変遷に着目して考察する。倉月荘では複数の「村」出現と、同じ頃に複数の領主権力が存在したことにどのような関係があったか。各「村」が登場する環境をここでは追究したい。

第一章では中世後期の倉月荘における領有状況を考察し、その在地社会の様相も意識したい。すなわち、同荘における摂津氏領・宝幢寺領・南禅寺領等の状況について、南北朝・室町期を中心に考察する。第二章では倉月荘における室町・戦国期の領有状況を追究する。そして、当該期の加賀国の場合、村社会をみる上で一向一揆の動向が特に注目される。ここではその点にも言及しよう。

なお、第Ⅰ部では第二章に続けて補足を設け、倉月荘における各「村」の構造、そのあと近世の様子についても触れたい。さらに、付章一では南禅寺領得橋郷の様相をみて、倉月荘のうち同寺領部分の状況を評価することにつなげたい。

第三章では、戦国期の一向一揆・本願寺勢力とのかかわりから、倉月荘内各「村」（諸江村・木越村等）の動きを考察する。特にここでは次章とあわせて、倉月荘内の各「村」の特色をそれぞれ意識することができればと思う。

第四章では倉月荘に関して、隣接する大野荘や小坂荘・「安江」地域（安江荘・安江保）との境界周辺にあたる「村」々（青崎村・奥村・安江村等）に着目して考察する。ここでは倉月荘における隣荘との境界周辺で各「村」のすがたに迫りたい。

第Ⅱ部では、倉月荘の事例をほかの荘園・地域と比較して考察する。具体的にここでは、中世後期の「自力の村」論や地域社会論の成果（先述）と同時に、制度的枠組に注目した研究も踏まえて、倉月荘をめぐる「郡」（河北郡・石川両郡）の枠組を意識したい。[35]

第五章では倉月荘対大野荘（＝隣荘）など村落間相論の事例から、中世後期の「村」やいくつかの枠組（庄・郡）・世界について考察する。なお、ここでは倉月荘に加えて、近江国・和泉国・紀伊国等の事例も取り上げよう。

第六章以下では、倉月荘を含む河北郡・石川郡に着目し、ひとつの荘園とふたつの郡の事例をまとめて考察する。加えて付章二では越中国般若野荘と射水郡・砺波郡の事例、付章三では能登国（下・上）町野荘と珠洲郡・鳳至郡の事例からそれぞれ倉月荘・各「村」の場合を補強したい。

第七章では最後に、中世後期から中近世移行期にかけての倉月荘における「村」々について、領主権力や「郡」とのかかわりを踏まえてまとめる。そして、当該期にあらわれる同「村」と地域社会のすがたを跡づけたい。

【註】

（1）石田善人「惣について」（『中世村落と仏教』思文閣出版、一九九六年・初出一九五五年）、石田「郷村制の形成」（同書・初出一九六三年）。

(2) 仲村研「中世後期の村落」(『荘園支配構造の研究』吉川弘文館、一九七八年・初出一九六七年)。
(3) 峰岸純夫「村落と土豪」(『日本中世の社会構成・階級と身分』校倉書房、二〇一〇年・初出一九七〇年)。
(4) 三浦圭一「惣村の起源とその役割」(『中世民衆生活史の研究』思文閣出版、一九八一年・初出一九六七年)。
(5) 黒田弘子『中世惣村史の構造』序章(吉川弘文館、一九八五年)。
(6) 田端泰子「中世後期における領主支配と村落構造」(『中世村落の構造と領主制』法政大学出版局、一九八六年・初出一九七八年)。
(7) 勝俣鎮夫「戦国時代の村落」(『戦国時代論』岩波書店、一九九六年・初出一九八五年)。
(8) 藤木久志『戦国の作法』(平凡社選書、一九八七年)、藤木『村と領主の戦国世界』(東京大学出版会、一九九七年)。なお、藤木氏と先述した勝俣氏による村落論については、清水克行「ふたつの戦国時代像」(稲葉継陽・清水編『村と民衆の戦国時代史』勉誠出版、二〇二二年)も知られる。
(9) 神田千里『日本の中世一一 戦国乱世を生きる力』(中央公論新社、二〇〇二年)。
(10) 長谷川裕子『中近世移行期における村の生存と土豪』(校倉書房、二〇〇九年)、長谷川「十五～十七世紀における村の構造と領主権力」(『戦国期の地域権力と惣国一揆』岩田書院、二〇一六年・初出二〇一一年)。
(11) 歴史学研究会日本中世史部会運営委員会ワーキンググループ(稲葉継陽・田中克行ほか)「「地域社会論」の視座と方法」(『歴史学研究』六七四、一九九五年)。
(12) 榎原雅治「地域社会における「村」の位置」(『日本中世地域社会の構造』校倉書房、二〇〇〇年・初出一九九八年)。
(13) 湯浅治久「室町～戦国期の地域社会と「公方・地下」」(『中世後期の地域と在地領主』吉川弘文館、二〇〇二年・初出一九九四年改稿)。
(14) 稲葉継陽『戦国時代の荘園制と村落』(校倉書房、一九九八年)、稲葉『日本近世社会形成史論』(校倉書房、二〇〇九年)。
(15) 蔵持重裕『中世 村の歴史語り』(吉川弘文館、二〇〇二年)、蔵持『中世村落の形成と村社会』(吉川弘文館、二〇〇七年)。

(16) 池上裕子「戦国の村落」(『戦国時代社会構造の研究』校倉書房、一九九九年・初出一九九四年)、池上「中世後期の国郡と地域」(『日本中近世移行期論』校倉書房、二〇一二年・初出二〇〇〇年)。

(17) 西村幸信「第一部　中近世移行期の村落と中間層」(『中世・近世の村と地域社会』思文閣出版、二〇〇七年)。

(18) 志賀節子「序章　中世後期荘園制支配と村落」(『中世荘園制社会の地域構造』校倉書房、二〇一七年)。

(19) 伊藤俊一「序章　南北朝・室町時代の荘園制をめぐる研究の成果と課題」(『室町期荘園制の研究』塙書房、二〇一〇年・初出二〇〇三年改稿)。

(20) 橋本道範「近江国野洲郡兵主郷と安治村」(『日本中世の環境と村落』思文閣出版、二〇一五年・初出二〇〇四年)。

(21) 註6田端論文。

(22) 若林陵一「近江国蒲生下郡における本佐々木氏一族と長命寺」(入間田宣夫編『東北中世史の研究』上巻、高志書院、二〇〇五年)、若林「中世後期地域社会における「村」と領主・「郡」」(『歴史学研究』九八九、二〇一九年)。

(23) 薗部寿樹『日本中世村落文書の研究』(小さ子社、二〇一八年)。

(24) 田中克行「惣と在家・乙名」(『中世の惣村と文書』山川出版社、一九九八年・初出一九九五年)、田中「村の紛争解決と共有文書」(同書・初出一九九六年)。

(25) 坂田聡「序論　山国地域史のあらましと研究の軌跡」(坂田編『禁裏領山国荘』高志書院、二〇〇九年)。

(26) 春田直紀「序論　中世地下文書論の構築に向けて」(春田編『中世地下文書の世界』勉誠出版、二〇一七年)。

(27) 若林陵一「惣村の社会と荘園村落」(荘園・村落史研究会編『中世村落と地域社会』高志書院、二〇一六年)、註22拙稿「中世後期地域社会における「村」と領主・「郡」」。

(28) 似鳥雄一『中世の荘園経営と惣村』(吉川弘文館、二〇一八年)。

(29) 高木純一『中世後期の京都荘園村落』(吉川弘文館、二〇二一年)。

（30）熱田順『中世後期の村落自治形成と村落』（吉川弘文館、二〇二一年）。
（31）註7勝俣論文、註12榎原論文。
（32）註8藤木論著（二編）、註15蔵持論著（二編）。
（33）註20橋本論文。なお、多様な村の視点は、近年の似鳥氏・高木氏・熱田氏による研究（註28～30）にも継承される。
（34）加賀国におけるこれら「北二郡」の歴史（十五・六世紀）については、竹間芳明「加賀北二郡の結集と一揆」（『北陸の戦国時代と一揆』高志書院、二〇一二年・初出二〇〇二年）、竹間「加賀北二郡の自立性」（同書・初出二〇〇五年）を参照した。
（35）註16池上「中世後期の国郡と地域」、川岡勉「室町幕府―守護体制の変質と地域権力」（『室町幕府と守護権力』吉川弘文館、二〇〇二年・初出二〇〇一年）。

［追記］本書では、加賀国倉月荘関係の史料は基本的に全て『加能史料』（奈良・平安～戦国）により、一部註記したものに限り、写真・影写本や別の刊本を併用した。また、次頁以降に掲載した【表】は同関係史料の一覧、『加能史料』の各巻・頁数に対応させたものである。

【表】倉月荘関係史料一覧(『加能史料』対応)

年月日	文書名	出典	巻数	頁数
弘安10年4月16日	(右近大夫親祐・倉月庄)	外記日記	鎌倉2	125
嘉元4年6月12日	昭慶門院御領目録案	竹内文平氏所蔵文書	鎌倉2	250
建武2年6月18日	中原親高田地寄進状案	白山比咩神社文書	南北朝1	44
建武2年10月4日	太政官符	色々証文	南北朝1	63
建武4年8月14日	足利尊氏御判御教書	池田氏収集文書	補遺1	129
暦応4年8月7日	摂津親秀譲状	美吉文書	南北朝1	219
暦応4年8月7日	摂津親秀置文案	美吉文書	南北朝1	225
康永2年11月26日	足立厳阿書状案	臨川寺文書	南北朝1	275
貞和2年閏9月19日	足利直義下知状案	臨川寺文書	南北朝1	336
	大野荘雑掌目安状案	臨川寺文書	南北朝1	338
康暦1年6月19日	足利義満御判御教書	美吉文書	南北朝3	131
康暦2年6月1日	足利義満寄進状案	鹿王院文書	南北朝3	153
康暦2年6月2日	管領斯波義将施行状	鹿王院文書	南北朝3	153
永徳2年12月15日	春屋妙葩管領寺院等目録	鹿王院文書	南北朝3	219
至徳1年11月3日	太政官牒	鹿王院文書	南北朝3	242
至徳1年11月3日	官宣旨	鹿王院文書	南北朝3	243
至徳1年11月3日	官宣旨	鹿王院文書	南北朝3	245
(至徳3年)11月7日	斯波義将書状	美吉文書	南北朝3	271
至徳4年6月15日	管領斯波義将施行状	美吉文書	南北朝3	286
応永7年11月13日	管領畠山基国施行状	美吉文書	室町1	100
応永18年3月日	宝幢寺·鹿王院両寺領等目録	鹿王院文書	室町1	290
応永24年12月13日	摂津満親寄進状案	南禅寺文書	室町2	38
9月29日	南禅寺役僧等連署申状	南禅寺文書	室町2	38
応永33年9月3日	(木越・岩方両村)	薩戒記	室町2	208
永享7年3月日	宝幢寺·鹿王院寺領目録	鹿王院文書	室町2	530
嘉吉1年9月29日	室町幕府下知状	美吉文書	室町3	94
嘉吉2年12月3日	南禅寺寺領目録	南禅寺文書	室町3	114
文安5年12月15日	室町将軍家御教書	南禅寺文書	室町3	287
文安6年5月28日	三帖和讃	西本願寺所蔵	室町3	302
文安6年6月3日	安心決定鈔	奈良県岸部武則氏所蔵	室町3	303
宝徳3年8月16日	教行信証	西本願寺所蔵	室町3	342
宝徳4年2月6日	室町幕府下知状	美吉文書	室町3	353
康正1年12月21日	足利義政御判御教書	美吉文書	室町4	13
長禄2年7月28日	六要鈔識語	京都市興正寺所蔵	室町4	78
長禄2年11月19日	(宝幢寺領松寺)	蔭涼軒日録	室町4	104
長禄2年12月20日	(宝幢寺領倉月庄)	蔭涼軒日録	室町4	104
長禄3年8月24日	(宝幢寺領倉月庄)	蔭涼軒日録	室町4	132
長禄4年8月19日	(倉月庄内五十石)	長禄四年記(内閣文庫蔵)	室町4	159
文明3年6月25日	親鸞絵伝	珠洲市西光寺所蔵	戦国1	114
2月23日	本願寺蓮如書状	光徳寺文書(金沢市八田町)	戦国1	115
文明4年9月16日	延暦寺大講堂集会議定書写	来迎院如来蔵聖教包紙(三千院所蔵)	戦国1	158
7月4日	本願寺蓮如書状	光徳寺文書(七尾市)	戦国1	230
7月21日	本願寺蓮如書状	真念寺文書	戦国1	230
(文明7年)	(割出郷)	徳了袖日記(金沢市浄行寺所蔵)	戦国1	232
文明8年11月4日	室町幕府奉行人連署奉書写	足水家蔵文書	戦国1	263

文明9年10月15日	室町幕府奉行人連署奉書	美吉文書	戦国1	287
文明10年5月28日	足利義政御判御教書	鹿王院文書	戦国1	310
2月14日	摂津政親書状	鹿王院文書	戦国1	310
文明11年7月21日	(大河縁兵庫)	晴富宿禰記	戦国1	287
文明13年5月28日	(木越光徳寺)	政所賦銘引付(浅野文庫所蔵)	戦国1	441
	室町幕府奉行人奉書写	八坂神社文書	戦国2	24
文明14年4月9日	(木越)	白川資益王記(東大史料編纂所蔵)	戦国2	444
文明15年10月17日	覚善等屋敷寄進状	勝授寺文書	戦国2	118
	反古裏	真宗寺所蔵	戦国2	119
文明17年9月21日	室町幕府奉行人連署奉書	美吉文書	戦国2	208
長享2年7月5日	(西芳寺領所々目録)	蔭涼軒日録	戦国3	98
長享3年8月5日	室町幕府奉行人連署奉書	美吉文書	戦国3	176
延徳1年9月27日	室町幕府奉行人連署奉書案	南禅寺文書	戦国3	184
延徳1年9月27日	室町幕府奉行人連署奉書案	南禅寺文書	戦国3	184
延徳2年8月17日	某書下案	八坂神社文書	戦国3	260
延徳4年3月21日	りんかう庵そしん畠地売券写	勝授寺文書	戦国4	3
明応2年12月29日	室町幕府奉行人連署奉書	美吉文書	戦国4	154
明応9年11月13日	室町幕府奉行人連署奉書	美吉文書	戦国5	94
文亀1年4月28日	方便法身尊像裏書	福井市坂本幸雄氏所蔵	戦国5	135
文亀1年8月15日	南禅寺寺領目録	南禅寺文書	戦国5	149
永正2年10月18日	室町幕府奉行人連署奉書	美吉文書	戦国5	273
永正2年12月15日	四郎五郎田地売券	勝授寺文書	戦国5	277
永正4年1月21日	彦左衛門畠地寄進状	勝授寺文書	戦国5	328
(永)正6年6月□	方便法身尊像裏書	七尾市忍勝寺所蔵	戦国6	21
永正10年9月13日	方便法身尊像裏書写	勝授寺文書	戦国6	164
永正16年1月10日	浄正屋敷売券	勝授寺文書	戦国7	1
(永正16年8月3日)	(如慶・諸江住)	日野一流系図	戦国2	120
(永正16年)	(善福寺順慶女)	本願寺系図	戦国7	24
4月1日	本願寺実如書状	光徳寺文書(金沢市)	戦国7	259
大永7年5月27日	足利義維奉行人連署奉書写	三千院文書	戦国8	73
大永7年6月日	中山康親名主職補任状案	松雲公採集遺編類纂	戦国8	80
大永7年6月日	中山康親名主職補任状案	松雲公採集遺編類纂	戦国8	80
大永7年7月5日	中山康親田地売券案	松雲公採集遺編類纂	戦国8	81
大永7年8月4日	中山康親田地売券案	松雲公採集遺編類纂	戦国8	81
大永一	中山康親名主職補任状案	松雲公採集遺編類纂	戦国8	82
大永一	中山康親名主職補任状案	松雲公採集遺編類纂	戦国8	82
享禄2年2月4日	中山康親名主職補任状案	松雲公採集遺編類纂	戦国8	152
享禄3年5月10日	中山康親名主職補任状案	松雲公採集遺編類纂	戦国8	216
享禄3年5月13日	中山康親名主職補任状案	松雲公採集遺編類纂	戦国8	217
享禄3年7月21日	中山康親名主職補任状案	松雲公採集遺編類纂	戦国8	217
享禄3年9月28日	中山康親田地安堵状案	松雲公採集遺編類纂	戦国8	218
享禄3年10月11日	中山康親田地安堵状案	松雲公採集遺編類纂	戦国8	218
享禄3年10月11日	中山康親田地安堵状案	松雲公採集遺編類纂	戦国8	219
享禄3年12月8日	中山康親田地安堵状案	松雲公採集遺編類纂	戦国8	219
享禄3年12月22日	幸道兵衛屋敷売券	勝授寺文書	戦国8	237
享禄3年12月22日	乗泉田地売券	勝授寺文書	戦国8	238

享禄3年12月	幸道兵衛もろ売券	勝授寺文書	戦国8	238
享禄4年5月19日	中山康親名主職補任状案	松雲公採集遺編類纂	戦国8	254
(享禄4年5月19日)	中山康親名主職補任状案	松雲公採集遺編類纂	戦国8	255
享禄4年5月25日	中山康親名主職補任状案	松雲公採集遺編類纂	戦国8	257
享禄4年閏□(5)月4日	中山康親名主職補任状案	松雲公採集遺編類纂	戦国8	255
享禄4年6月13日	中山康親名主職補任状案	松雲公採集遺編類纂	戦国8	256
享禄4年7月17日	中山康親田地安堵状案	松雲公採集遺編類纂	戦国8	257
享禄4年7月20日	中山康親名主職補任状案	松雲公採集遺編類纂	戦国8	256
享禄5年9月5日	乗泉田地寄進状	勝授寺文書	戦国8	322
天文4年11月18日	室町幕府奉行人連署奉書	南禅寺文書	戦国9	23
天文5年1月7日	(諸江九郎兵衛)	天文日記	戦国9	31
天文5年4月24日	(木越光徳寺)	天文日記	戦国9	69
天文5年5月2·3日	(直江村新右衛門尉)	天文日記	戦国9	72
天文5年8月28日	(石川郡蔵月庄)	天文日記	戦国9	80
天文5年8月28日	(石川郡蔵月庄)	加州所々知行被申趣又申付方記	戦国9	82
(天文5年)9月4日	本願寺証如書状	得照寺文書	戦国9	99
天文5年9月4日	(諸江九郎兵衛)	天文日記	戦国9	99
天文5年9月12日	(木越光徳寺方)	天文日記	戦国9	102
天文5年9月12日	(木越・光徳寺)	加州所々知行被申趣又申付方記	戦国9	103
天文5年9月25日·26日	(木越方)	天文日記	戦国9	102·103
天文5年10月1日	(安主名)	天文日記	戦国9	109
天文5年10月1日	(倉月庄安主名)	加州所々知行被申趣又申付方記	戦国9	110
天文5年10月7日	(大原新保)	天文日記	戦国9	126
天文5年10月7日	(大原新保)	加州所々知行被申趣又申付方記	戦国9	132
天文5年10月9日	(大原新保)	天文日記	戦国9	127
天文5年10月12日	(近岡村・諸江村)	天文日記	戦国9	139
天文5年10月12日	(近岡村・諸江村)	加州所々知行被申趣又申付方記	戦国9	140
天文5年10月22日	(倉月庄内五个所)	天文日記	戦国9	157
天文5年10月22日	(倉月庄内五个所)	加州所々知行被申趣又申付方記	戦国9	159
天文6年3月27日	(諸江九郎兵衛)	天文日記	戦国9	195
天文6年6月19日	(木越代官)	天文日記	戦国9	265
天文6年6月	(木越代官)	御堂卅日番上勤座配次第	戦国9	265
天文6年9月29日	(諸江九郎兵衛)	天文日記	戦国9	197
天文6年12月16日	(松寺)	天文日記	戦国9	251
天文6年12月19日	(木越光徳寺)	天文日記	戦国9	347
天文6年12月22日	(光徳寺)	天文日記	戦国9	347
(天文7年)5月3日	諸江与七郎茂継書状	勝授寺文書	戦国10	46
(天文7年)6月13日	下間光頼書状	勝授寺文書	戦国10	47
(天文7年)6月13日	下間光頼書状	勝授寺文書	戦国10	47
天文7年7月2日	諸江茂継誓状案	勝授寺文書	戦国10	48
天文7年10月12日	(安主名)	天文日記	戦国10	103
天文8年9月6日	(木越光徳寺)	私心記	戦国10	192
天文8年9月14日	(大原新保)	天文日記	戦国10	203
天文8年9月15日	(木越・光専寺)	天文日記	戦国10	126
天文8年10月24日	(木越下)	天文日記	戦国10	127
天文10年4月21日	(磯部衆)	天文日記	戦国11	10

天文10年8月7日	(倉月庄内青崎)	大館常興日記	戦国11	51
天文10年9月23日	(諸江正慶)	天文日記	戦国11	11
天文11年2月23日	(木越光徳寺)	天文日記	戦国11	120
天文11年9月2日	(摂津元造知行倉月)	天文日記	戦国11	156
天文12年1月13日	方便法身尊像裏書	正覚寺文書	戦国11	180
天文12年1月17日	(木越光専寺)	天文日記	戦国11	182
天文13年5月8日	(木越衆)	天文日記	戦国11	253
天文13年7月5日	(諸江)	私心記(真宗寺所蔵)	戦国11	164
天文13年10月22日	(摂津元造知行倉月庄)	天文日記	戦国11	297
天文13年10月23日	(倉月庄二个所)	天文日記	戦国11	298
天文15年3月23日	(諸江正慶)	天文日記	戦国12	96
天文15年7月6日	(木越誓乗)	天文日記	戦国12	97
天文15年8月22日	(木越衆)	天文日記	戦国12	99
(天文15年頃)2月8日	下間光頼書状	光琳寺文書(輪島市)	戦国12	112
天文16年11月28日	(諸江卿)	天文日記	戦国12	162
天文17年11月15日	(前木越下)	天文日記	戦国12	247
天文17年12月10日	五郎左衛門等田地売券写	勝授寺文書	戦国12	289
天文18年11月4日	(木越光専寺)	天文日記	戦国13	8
天文20年2月19日	(木越衆)	天文日記	戦国13	72
(天文20年)3月25日	松寺東西沽却地注進状	鹿王院文書	戦国13	90
(天文20年)4月20日	松寺東西方百姓書状	鹿王院文書	戦国13	89
天文20年4月20日	松寺西方名分売渡公田注文	鹿王院文書	戦国13	91
天文22年1月5日	(諸江卿)	天文日記残簡	戦国13	167
天文22年5月8日	(木越下)	天文日記	戦国13	170
天文23年1月6日	(諸江)	天文日記	戦国13	235
天文23年1月6日	(諸江)	私心記(京都市興正寺所蔵)	戦国13	235
永禄1年9月27日	本願寺内衆下間氏連署奉書写	鹿王院文書	戦国14	98
永禄1年9月27日	本願寺内衆下間氏連署奉書写	鹿王院文書	戦国14	98
6月7日	摂津元造書状	鹿王院文書	戦国14	100
永禄5年11月29日	くらの次郎右衛門尉誓状	勝授寺文書	戦国14	268
9月20日	下間正秀書状写	勝授寺文書	戦国14	268
8月9日	山本太郎丸十人衆惣組中連署書状写	勝授寺文書	戦国14	269
(元)亀2年12月20日	中山孝親用水安堵状写	蟬冕魚同	戦国15	268
元亀3年6月3日	中山孝親名主職補任状写	蟬冕魚同	戦国15	285
天正2年9月3日	中山孝親名主職補任状案	田中譲氏旧蔵典籍古文書	戦国16	156
天正2年9月3日	中山孝親田地安堵状案	田中譲氏旧蔵典籍古文書	戦国16	157
天正2年9月3日	中山孝親名主職補任状案	田中譲氏旧蔵典籍古文書	戦国16	157
(天正2年9月3日)	中山孝親名主職補任状案	田中譲氏旧蔵典籍古文書	戦国16	157
天正2年9月3日	中山孝親田地安堵状案	田中譲氏旧蔵典籍古文書	戦国16	158

※1:この一覧表は倉月荘関係史料を『加能史料』全巻の巻数·頁数に対応させたものである。そのうち「文書名」は一部を変更し、ほか記録類等は関係地名や事項を括弧内に補った。

※2:一覧表の「年月日」は年代順に一部を並べ替えたが、無年紀文書をはじめ基本的には『加能史料』の掲載順に従った。詳しくは同書の巻数·頁数の項目を参照いただきたい。

第Ⅰ部　倉月荘の「村」成立と領有状況

第一章　倉月荘における領有状況の錯綜と在地社会

はじめに

室町期の荘園に関してはこれまでも、幕府・守護による統治体制の一方で中近世移行期・近世村落に至る社会体制の土台として広く論じられてきた[1]。しかし、そこでは在地における多くの事象が指摘されつつも[2]、それらを総合的に社会のなかにとらえて解釈するには、なお考察が必要であろう。本章では、これまでの研究の成果も踏まえながら、加賀国倉月荘（現石川県金沢市）を事例に取り上げて、中世後期（室町期を中心に）の荘園社会における様相を、特に領有状況の側面から考察したい。そうすることで、室町期荘園のあり方をより詳細に社会のなかに位置付けて理解できるのではないか。

さて、倉月荘については次頁の【図】にその全体図、荘内の位置関係などを示したが、同荘は早く嘉元四年（一三〇六）に昭慶門院（亀山皇女憙子内親王）領としてうかがえる荘園のうちのひとつであり[3]、それが南北朝期頃より幕府御家人である摂津氏の所領として知られるようになった（さらに、後述する他寺・他氏への寄進なども確認）。荘内には青崎、近岡、直江、大河縁、南新保、諸江、諸江破出、安江、大浦（中大浦）、木越、松寺、千田、磯部、奥、岩方、赤浜などの集落が史料上確認され[4]、それぞれにおける領有状況をみていくことで当該期の荘園・在地社会の実態を総合的にとらえることができるはずである。

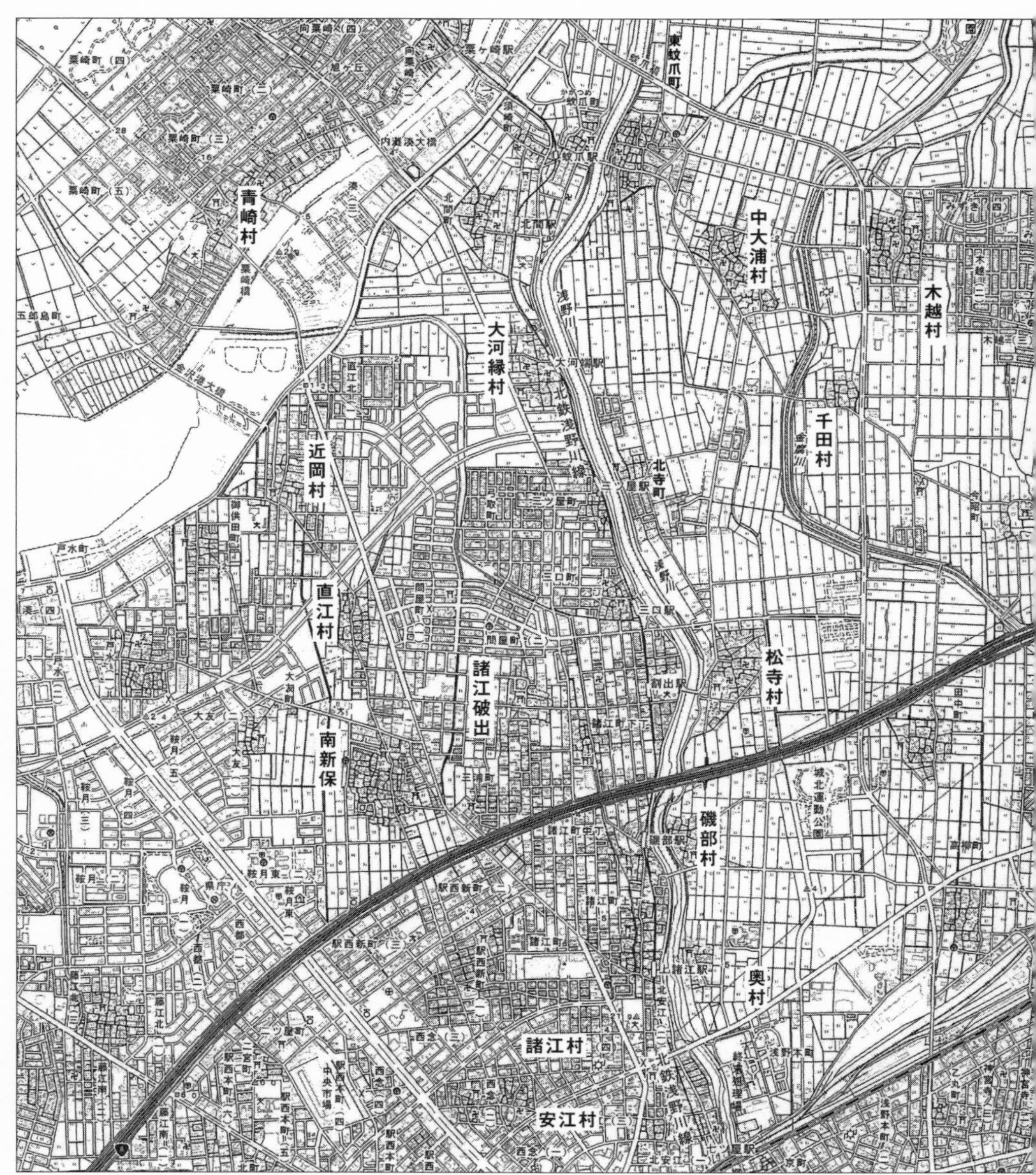
東蚊爪町
青崎村
中大浦村
木越村
大河縁村
千田村
近岡村
直江村
諸江破出
松寺村
南新保
磯部村
奥村
諸江村
安江村
浅野川
北鉄浅野川線

【図】倉月荘内全域地形図

一、幕府御家人摂津氏領倉月荘の成立

一ではまず、倉月荘における摂津氏の所領としての経過をおさえ、以下、室町期荘園としてのあり方、その社会的背景を考察していきたい。さて、実際、史料に「倉月庄」がみえる最初は弘安十年（一二八七）のことであり[5]、続く嘉元四年（一三〇六）には先述した通り昭慶門院領目録に「加賀国倉月庄　地頭（摂脱）津隼人、請所」とみえ[6]、以降、同荘では摂津氏が一定の領有権を有したことが知られる。ここでは最初に、その摂津氏領としての倉月荘の実態、荘園所職の内容を次の史料から確認してみよう。

【史料一】足利義政御判御教書（美吉文書）[7]

（足利義政）
（花押）

加賀国倉月庄地頭・領家両職内不知行所々〈目録別紙在之〉、所返付摂津掃部頭之親也、早一円領掌不可有相違之状如件、

康正元年十二月廿一日

康正元年（一四五五）、倉月荘の知行が室町将軍足利義政による袖判のもと、摂津之親に認められた。その際に之親に下された御教書がこの【史料一】である。さて、摂津氏は幕府の御家人・官僚であり、代々が評定衆・引付頭人などとして確認される[8]。ここでは、その摂津氏が実際に「倉月庄地頭・領家両職」を有したことが確かめられる少し下った時期の史料を掲げたが、すでに十四世紀頃の倉月荘では同じような領有形態があったものと思われる[9]。なお、当時、同荘において摂津氏の「不知行所々」が問題になっていた背景は、後述することと関連があろう。

また、【史料一】を含む『美吉文書』としては、摂津氏関係の公文書などが約一〇〇点ほどのこされ、そこでは倉月荘のほかにもいくつかの荘園に関して確認される。例えば、後掲【史料三】に登場するもののうち近江国柏木御厨に関しては、のちに国人山中氏が地頭摂津氏を障害として守護六角氏と関係を結ぶことが論じられ、(10)駿河国益頭荘に関しても、円勝寺領・仁和寺領であった同荘で実際に摂津氏が地頭かつ領家方「目代殿」として活動した様相が明らかにされている。(11)

ところで、先述した通り摂津氏領倉月荘は【史料一】より以前、次の史料などからすでに登場していた。

【史料二】足利尊氏御判御教書（池田氏収集文書）(12)

（足利尊氏）
（花押）

下　摂津掃部頭親秀

可令早領知加賀国倉月庄内下近岡・南新保・諸江村・松寺村廿丁方〈長崎三郎左衛門尉跡〉・同村十六丁方〈長崎五郎跡〉、尾張国下門真庄、美濃国梁瀬・大嶋両郷地頭職等事、

右、為刑部権大輔入道々準（摂津親鑒）跡所領等相違分替、所宛行也、早守先例、可致沙汰之状如件、

建武四年八月十四日

摂津親秀は鎌倉幕府引付頭人であった同親鑒の弟であり、本来その所領は幕府の滅亡に伴い没収されたものと思われる。親秀も親鑒と同じく当初は鎌倉幕府御家人として活動したが、幕府の滅亡に際しては早くに足利尊氏の動向に協力したものとみられ、(13)建武三年（一三三六）に親鑒跡地は「親秀本領」として返付されていた。(14)そして、その延長線上のものと考えられる【史料二】では、親鑒「跡の所領等」が親秀へ、尊氏に対する「相違分の替わりとして宛行」われている。それらのうち倉月荘では、下近岡・南新保・諸江村・松寺村などの存在が認められる。(15)

また、この御教書（正文）が『美吉文書』としておさめられていない直接の理由・背景は不明であり、今後の課題であるが、ここで親秀に安堵されている所領を含めて、のちには次のような史料も知られる。

【史料三】摂津親秀譲状（美吉文書）

（外題）
「任此状可令領掌、仍下知如件、

暦応四年八月十二日

（足利直義）
源朝臣（花押）」

譲与、

一、物領能直（摂津）分

美濃国脇田郷一色・三井・大幡・簗瀬・大嶋、土左（佐）国田村庄、伊予国矢野保内八幡浜、備中国船尾郷、伊賀国若林御薗（但下切尼公一期之間、譲之、）和泉国下条郷、上野国高山御厨領家職、武蔵国重富名南北、加賀国倉月庄（但岩方村半分、比丘尼明丘壱期之程、可被知行之由、載別紙譲状、松寺村内廿町方、女子伊呂一期之後者、阿古丸可知行之由、載別紙譲状之間、除之、同村十六町方内参分壱、大隅五郎親泰譲与之間、除之）、近江国柏木御厨内本郷、

右所々者、為能直物領所譲与也、若無子而有早世事者、舎弟松玉丸可知行之、委細置文別紙注之、於訴訟未落居幷譲漏地者、悉可為物領分状如件、

暦応四年八月七日　　掃部頭親秀（摂津）（花押）

一、阿古丸分

上野国知須賀・羽継、近江国柏木御厨内山参筒（箇）村、駿河国益頭庄（但除焼津郷）、加賀国倉月庄内松寺村廿町方（但

女子伊呂一期之程、可知行之〉、
右所々者、所譲与阿古丸也、若無子而有早世事者、惣領能直可令知行之、委細置文別紙注之、仍状如件、
暦応四年八月七日　　掃部頭親秀（花押）

（略）

一、西山穢土・西芳両寺事
西芳寺領分、備後国重永別作内新庄、和泉国下条郷但先段雖譲能直、除之、山城国円観寺西九条田壱町弐段、次穢土寺領分、加賀国倉月庄内近岡郷内月峯五町、千田郷内供料田弐町・同月峯参町・末延名田地、木越村千得名壱町・月峯弐町・善遵田弐町・松尾田陸段〈坪西山在之〉、
右於両寺者、為惣領能直檀那、可致興行之沙汰之状如件、
暦応四年八月七日　　掃部頭親秀

摂津親秀は前掲【史料二】ののちには自らの所領を分割して、暦応四年（一三四一）に嫡孫（「惣領」）能直ら一族、関係者に譲渡することがあった。それ（その一部。中略あり）がこの【史料三】にあたる。また、この文書の端には足利直義による外題安堵が、さらに数枚の紙継目のうらには黒印や奉行人二階堂成藤らの花押が据えられ、⒃それぞれに室町幕府による関与がうかがえる。なお、倉月荘は惣領能直ののち、その分は同能秀、満親、之親（前掲【史料一】）、政親、元親の父子間に代々継承され、相伝されていったことが確認される。⒄

ところで、『美吉文書』としては、この史料と同日付で摂津親秀によってのこされた置文も存在する。⒅田中大喜氏は、南北朝期における家督制の成立過程を論じるなかでこれらの文書にも注目し、そこでは摂津氏における惣領・庶子関係の問題とともに、一族とは別に「談合」に加わる被官（重臣）らが存在したことを指摘している。⒆そして、置文に

みえる被官のうちには「加賀修理亮・石河木工助」（傍点は筆者による。以下同じ）といった名前も確かめられるが、これらは摂津氏が倉月荘に在荘した際に築かれた関係によるかもしれない。と言うのも、摂津氏自身は幕府評定衆として上洛したり、ほかの家領荘園への在荘のこともあり、常に倉月荘にいられたわけではなかった。摂津氏の倉月荘への在荘期間はいつも一時的なものが多かったとみえ、同荘における在地社会の状況を正確に復元する上では、その被官や代官らの動向を組み込んで理解する必要もあろう。[20]

以上、倉月荘では十四世紀前後より、幕府御家人摂津氏による領有が遂行されていた。幕府御家人領の事例としては、これまでは山城国革嶋荘・革嶋氏についてのものなどが有名であり、[21]そこでは惣領が幕府御家人でありながら同荘荘官の道に専念した一族もあったことが知られる。摂津氏と革嶋氏とを簡単に同一視することはできないが、ともに惣領・庶子双方の動向をあわせた室町幕府御家人領維持の事例として踏まえておくことは必要であろう。

さて、倉月荘においては摂津氏の一方で、ほかにも様々な勢力による領有が確認され、それらの詳細をおさえて初めて同荘の室町期の状況が理解できると思われる。従って、次章以下では、倉月荘をめぐる摂津氏以外の領主権力・領有状況のことまでを具体的に考察したい。

二、倉月荘をめぐる領有の錯綜と室町幕府御家人領の実態―宝幢寺領・南禅寺領等

倉月荘の領主としては、幕府御家人摂津氏のほかにも穢土寺、西芳寺、宝幢寺、南禅寺、中山家など複数の存在が知られている。[22]二では、それらを実際に史料で確かめた上で、同荘をめぐる室町期のあり方に少しでも近付きたい。

なお、右のうち穢土寺と西芳寺のことは前掲【史料三】などから確認される通り（「西山穢土・西芳両寺」は摂津氏

の菩提寺）であり、(23)ここではまず宝幢寺の倉月荘とのかかわりからみていくことにする。

【史料四】足利義満寄進状案（鹿王院文書）(24)

（端裏書）「鹿王院殿様（足利義満）御判物在之、」

寄進　大福田宝幢寺

摂津国多田院内上・下阿古谷村、加賀国倉月庄内松寺・赤浜両村事、

右、所寄附之状如件、

康暦二年六月一日　右近衛大将源朝臣（足利義満）　御判

室町将軍足利義満は康暦二年（一三八〇）、鹿王院とともに春屋門派の禅宗寺院として知られる宝幢寺の創建に際して摂津国多田院内と倉月荘松寺村・赤浜村とを寄進した。(25)それが、この【史料四】である。なお、その翌日には同義満の「任御寄進状（【史料四】か）之旨」せて、管領による施行状も同じ内容で下されている。(26)これらは、幕府が倉月荘をめぐる宝幢寺の領有を保障したものとして理解されよう。

さて、ここで確認される倉月荘の集落のうち松寺は現在でも地名がのこされる（金沢市松寺町）が、赤浜に関しては現須岐神社（金沢市東蚊爪町）につながる赤浜八幡神社（赤馬場八幡宮）に関係する地名とも、一方ではのちの「松寺三ヶ村」(27)が「松寺東西・赤浜」(28)のことを指すとも言われる。ここではどちらか一方に断定することはできないが、「赤浜」は海岸を象徴したこの辺りに因んだ名称である。筆者は、それは浅野川より東側のどこか（どちらにせよ松寺周辺。前掲【図一】参照）であるとだけ考えておきたい。

次に、南禅寺領についても史料を一点掲載しておこう。

【史料五】摂津満親寄進状案（南禅寺文書）(29)

寄進　南禅寺老僧寮哀勝軒

合両所者、

右彼在所者、満親（摂津）為祈現当所願、永代寄進哀勝軒者也、但就武蔵国小沢・小机事、依有多年諸事之煩、彼所於全知行間、以其志、加賀国倉月庄内諸江破出・山口破出不残小陸拾歩、悉寄進申候、於子孫有致違乱煩輩者、永可為不孝候、於彼所不可懸万雑公事・天役、聊少時煩候、仍為亀鏡寄進状如件、

応永廿二年酊十二月十三日　　満親　在判

応永二十四年（一四一七）、摂津満親が現当二世の所願のためとして倉月荘内の諸江破出・山口破出(30)を南禅寺哀勝軒へ寄進した。その証文（案文）がこの【史料五】である。なお、ここで両所が寄進された先は「哀勝軒」とあるが、倉月荘においてはのちに南禅寺徳雲院宝諸軒領なども確認される。(31)また、摂津満親の没後には【史料五】のことと思われる「満親永代寄進状」の紛失に伴い、南禅「寺僧堂料所加賀国倉月庄内下地」が押領されるような事態も生じ、(32)同荘の南禅寺領（僧堂料所）をめぐって摂津氏との関係は必ずしも安定したわけではなく、その根底にはやはり後述する幕府との関係があったとも考えられる。

ところで、荘園公領制とは成立当初より、寄進などのような在地側からの「突きあげ」と、その権門の受容を経て展開されることが特徴としてあった。(33)それが、室町期には領有体系の一元化・一円化（倉月荘では、一でみた摂津氏による「地頭・領家両職」の把握など）の一方で、集落ごとに領主権力が存在する細分化の傾向へと向かったものとみられる。すなわち、荘内の複数の集落のなかでそれぞれ異なる領主権力が一円領を形成し、それとともに各集落の分立が顕著になったのである。(34)そのようななか、この頃の倉月荘では一でみた摂津氏の所領もそれなりに健在であったが、それを次の史料から考えたい。

【史料六】管領斯波義将施行状（美吉文書）

加賀国倉月庄〈宝幢寺御寄進幷中山前中納言（親雅）恩給地除之、〉事、任還補御下文之旨、可被沙汰付摂津左馬助能秀代之状、依仰執達如件、

至徳四年六月十五日　左衛門佐（斯波義将）（花押）

前修理大夫（斯波義種）殿

室町幕府のもとでの加賀守護は、紆余曲折ありながらも永く富樫氏が相伝したなかで、一定の時期（この頃より応永（一三九四〜一四二八）頃まで）には管領斯波氏の一族がそれを掌握することもあった。[35] この至徳四年（一三八七）の【史料六】は、将軍足利義満による「還補の御下文」に任せて、まさしく守護斯波義種へ下された管領斯波義将（義種の兄）の施行状である。そして、ここでは、倉月荘を「摂津左馬助能秀代に沙汰し付け」ることが執達されている。実際、早く前年には義満の袖判のもと、摂津能直の遺領相続が子の能秀に安堵されており、[36]【史料六】はそれなどを受けたものと考えられる。

ただし、この史料では倉月荘における摂津氏の領有が認められるとともに、一方でそのうち「宝幢寺御寄進幷に中山前中納言（親雅）恩給地」が除かれるとされている点にも注目したい。まず、宝幢寺領に関しては前掲【史料四】でもみた通りであり、そこでは室町幕府将軍や管領によって、同荘の松寺・赤浜などの地が寄進・安堵されていた。また、中山家領に関しては、菅原正子氏も明応七年（一四九八）よりの同宣親・康親父子による在国化のことを論じているが、[37] 具体的には倉月荘のうち「木越・岩方両村」[38]（岩方は現地比定はできず。木越に近接した所か）がその家領に該当するとみられる。中山家は、数代にわたり公武の伝奏を担当した貴族であり、【史料六】の親雅も元内室が将軍義満の側室になるなど、幕府とは近密な関係にあったようである。

すなわち、ここで幕府が御家人の知行とあわせて禅宗寺院や関係公家分の領有を倉月荘のうちに認めていることは、当時のその複合的な荘園安堵の志向をあらわすものとして重視したい。なお、この頃に公家が家領を維持するために荘園現地へ下向・在国する事例は、ほかにも複数みられる。倉月荘の近くでも小坂荘への二条家や井家荘への勧修寺家などの事例が知られるが、(39)それらの多くは幕府との関係を利用して自領を保護しようとした、室町期荘園の傾向のひとつと評価できるのではないか。(40)

これに対して摂津氏自身はもとより、倉月荘における一円領有の維持を企図していたものと考えられる。例えば、松寺にみえる「宝幢寺御寄進」分をめぐっては、摂津氏が「違乱」することが問題にもされており、(41)それなどは摂津氏の意思（反意）を直接あらわしたものとして指摘できよう。また、前掲【史料一】では摂津之親が「不知行地」の返付を幕府へ要請していたようだが、そうした背景にも同様のことが想定されるかもしれない。ただし、室町幕府の側よりすれば、倉月荘において御家人摂津氏の所領を安堵しつつ、それとともに五山派などの領有を認めることは、ともに自らの基盤を維持する流れのなかで理解される。今谷明氏は、室町幕府の財政を支える主体として五山派の存在に着目し、それにつながる当寺領荘園の幕府による保護の姿勢を明らかにしているが、(42)【史料六】からは、その視点をより広範に当てはめてみることが必要と考えられる。(43)

以上を通して倉月荘の領有状況は錯綜していった。室町期の倉月荘については、摂津氏による一円的領有からそれ以外に分割・細分化されるという筋道がすでに指摘されているが、(44)これまではその（伝領の）事実がただ並べられていただけであった。しかし、そうした新たな領有主体は必ずしも摂津氏の存在を無視したものではなかった。すなわち、二でみた宝幢寺領や南禅寺領、中山家領などは全て室町幕府との関係を踏まえてこそ理解され、その領有は幕府による関係領維持の方策としても評価されるのではないか。ただし、倉月荘における室町期のあり方は、それのみには終わらなかった。その様相を、さらに次の三でみることにしたい。

三、倉月荘における延暦寺領大原新保

倉月荘をめぐり錯綜していく領有状況は、これまでにみた勢力のみにはよ（とどま）らなかった。すなわち、倉月荘などにおいても別稿(45)（近江国奥嶋荘・津田荘の場合）で論じたような守護勢力による押領は顕著であったと思われ、その点は後掲【史料八】や【史料九】などからもうかがえよう。そして、さらに三では、以下の史料でみるような倉月荘におけるもうひとつの動向にも注目し、考察していきたい。

【史料七】室町幕府奉行人連署奉書（美吉文書）

加賀国倉月庄内近岡村・南新保・大河縁等事、為山門掠給奉書、致違乱云々、甚無謂、早任当知行之旨、弥可被全領知之由、所被仰下也、仍執達如件、

文明九年十月十五日　　丹後前司（松田秀興）（花押）

和泉前司（清貞秀）（花押）

摂津修理大夫（之親）殿

文明九年（一四七七）、当時の倉月荘近岡村・南新保・大河縁などでは延暦寺が「違乱」していたのであろうか、それに対して摂津之親の知行を認めた室町幕府の奉行人奉書としてこの【史料七】がある。なお、倉月荘のうち「南新保」などは、もともと耕地ではなかった所（河岸・海岸部）が新開された結果の（同荘の）拡大部分ではないか、と考えられる。(46)

ところで、延暦寺による濫妨はこの事例のみに限らず、室町期を通じて広くみられた。(47) 例えば、これまで筆者が取り上げたことがあるうち倉月荘の隣大野荘では、その年貢の運上に際して延暦寺が度々「煩い」を起こしたことが知られる。(48) また、近江国奥嶋荘などでは、荘務をめぐって延暦寺が「違乱」を加えることがしばしば問題になった。(49) そして、同じような状況が、やはり倉月荘でも起こり得たことが分かる。

ただし、【史料七】にみられる延暦寺が「奉書を掠め」て「違乱を致す」とあるのは、あくまで一方の認識に従ったものに過ぎない。と言うのは、延暦寺が主体として集積された文書はあまりのこされていない現状にあるが、当初は延暦寺にも幕府関係の「奉書」が与えられたはずであり、そのことが【史料七】から想定される。そして、延暦寺側にも相応に言い分があったのではないか、というのが別稿でも触れた筆者の見解であるが、(50) 次にその延暦寺の論理を実際に、同じ頃の史料から抽出してみよう。

【史料八】延暦寺大講堂集会議定書写（来迎院如来蔵聖教包紙）

（端裏書）「事書　賀州　狩野方」

文明四年九月十六日山門大講堂集会議曰、

可早被相触賀州守護所事

右大原来迎院者、慈覚大師（円仁）御入唐相承之声明業被預、竝為吾山別院天下無双之霊砌也、爰近年号寺務寺領等、恣依被自専、長日之勤行已下令退転、止住之僧侶沈淪都鄙、一寺已令顛倒之間、調三院之群議、欲令再興彼来迎院者也、所詮当国倉月庄之内大原新保之事、土貢已下無相違可渡付彼雑掌之由、堅被加下知者、弥可為武運長久之洪基、猶以難渋之儀在之者、懸荷物可及相当之儀之旨、衆儀而已、

大原来迎院は比叡山延暦寺の別院であり、一時荒廃していたところ、その再興料所として加賀「国倉月庄の内大原

新保」が宛行われたものとみられる。その年貢以下の収納が順当に行えるよう、加賀守護方へ通達することが文明四年（一四七二）の「山門大講堂集会」[51]で議定され、その内容が【史料八】としてのこされた。なお、端裏書にある守護被官狩野氏は、その際の守護方の現地責任者かと思われるが、実際にこれに守護勢力がどうかかわっていたのかは不明である。

さて、ここでまず注目されるのは、「山門大講堂集会」で大原新保からの年貢収納がなお難渋することがあれば、相手当事者の[52]「荷物に懸け相当の儀に及ぶべき」ことを定めている点である。「相当の儀」とは広く当時の人々に支持された相殺（相互）観念をあらわしたものであり、[53]ここでは自領の年貢収納がうまくいかなかった場合には相手の荷物に相当の手段を加えて（すなわち、奪取して）もよいという延暦寺側の論理があったことが指摘できる。従って、前掲【史料七】でも延暦寺は「相当の儀」に基づいて倉月荘における自らの領有を維持・主張しようとしただけかもしれず、また他所で「年貢運送」を妨害したことなども、根底では同じ論理が働いていたのかもしれない。

なお、ここで大原来迎院の領有分として認められる「大原新保」は従来、現金沢市小原町に比定されて来たようである。[54]しかし、そう考えた場合、「大原新保」のみが倉月荘の荘域とみられる範囲からは大きく外れてしまう。[55]そこで筆者はむしろ、大原に由来する延暦寺関係の「新保」（新開地。先述）は複数存在し、そのうち「倉月庄の内大原新保」は前掲【史料七】でみた「南新保」と同一のものと解釈したい。[56]そして、延暦寺が南新保などに対して「違乱」をした一方、同じく文明八年には「摂津修理大夫（之親）知行分加賀国倉月庄南新保西方」という記載も登場する。[57]すなわち、当時、倉月荘南新保のうち「西方」が摂津氏の領有下にあり、それに対する東方が延暦寺領分[58]＝「大原新保」としてあったのではないか。

以上のようにみてくると、倉月荘のうち近岡村・南新保・大河縁のあたり（前掲【図】参照）には、実際に延暦寺による領有地もあったことが考えられる。[59]そして、これまで倉月荘における延暦寺領の存在はあまり評価されること はなかったが、今後は当地域における延暦寺の動向を、一宮白山社との関係（白山本宮は延暦寺末）[60]もあわせて積極的にとらえることが必要ではないか。そうすることで、室町期の倉月荘における様相、錯綜した領有状況をより総合的かつ正確に理解することができよう。

むすびにかえて―室町期における倉月荘とその後

本章では、室町期の加賀国倉月荘における領有状況に関して、その錯綜した過程に沿って考察をして来た。すなわち、倉月荘では当初、「地頭・領家両職」のもと幕府御家人摂津氏がほぼ一円を支配していたが、室町期になるとその一方で松寺・赤浜の宝幢寺、諸江破出周辺の南禅寺、木越・岩方の中山家、南新保周辺の延暦寺などによる領有（あわせて前掲【図】も参照）がともにうかがえるようになった。そして、ここではまず次の史料を掲げて倉月荘をめぐるその後の状況を確認した上で、同荘の室町期におけるあり方をまとめることにしたい。

【史料九】室町幕府奉行人連署奉書（美吉文書）

摂津中務大輔（政親）知行分加州倉月庄内磯部庶子分幷青崎村等事、就富樫次郎（政親）押領、度々雖有御成敗、于今不去渡云々、太不可然、所詮不日合力彼代、可被全所務之由候也、仍執達如件、

文明十七

九月廿一日　　（松田）数秀（花押）

（飯尾元連）宗勝（花押）

松岡寺（蓮綱）

加賀国では十五世紀も半ば過ぎになると、一向一揆勢力による動向が活発になる。[61]この【史料九】は文明十七年（一四八五）に、摂津氏知行分の倉月荘のうち「磯部庶子分」[62]や青崎村などに守護富樫政親が押領を加えることに対して、室町幕府より松岡寺（蓮綱）へ下された停止命令である。すなわち、松岡寺蓮綱は加賀国に住した本願寺蓮如の子息の一人であり、[63]ここでは幕府や荘園領主（「摂津中務大輔」）から在地で「彼（摂津政親）の代に合力」して所務を果たし得る（守護富樫氏に対する）有力者として期待されていたことがうかがえよう。このように当該期の倉月荘では、一向一揆が一定の勢力として摂津氏の知行を保障するようになる。

そして、同じ頃には、倉月荘におけるよりミニマムな集落が単独で行動することが指摘できる。例えば、そのうち諸江は前掲【史料二】でみたように、当初はほかの荘内集落とともに摂津氏によって領有されていたところ、下って文明十五年にはひとつの単位で一向一揆勢力との関係を築き、さらに自らを「諸江惣村」と称するまでになる。[64]これに対して、諸江に近い同荘直江などでは永く摂津氏による知行をうかがうことができ、[65]【史料二】の各集落も別々の領有下に入る。すなわち、ひとつの荘園のなかで以降につながる複数の集落がそれぞれで活動し、一方で領有状況が錯綜していくことが倉月荘における室町期の特色として評価できるのではないか。

さらに、室町期の荘園経営の実態としては、御家人領荘園がほかの幕府関係領と一括して維持されていたかたちも注目される。すなわち、倉月荘は名目的には永く御家人摂津氏の所領として経過したものの、そこでは別に五山派寺院領や公家領なども運営されていた。室町期の荘園公領制は、幕府主導のもと「寺社本所一円領・武家領体制」へと再編されたことが知られるが、[66]倉月荘の事例からはそのうちの武家領が実際には、御家人当人とともに幕府関係の寺社や公家との並存によって維持されていたことが指摘できる。そして、それに延暦寺など別の勢力も加わることによって、[67] 倉月荘における領有状況はますます複雑な方向へと向かっていったのである。

摂津氏による倉月荘の知行はその後も、天文五年（一五三六）までは引き続き確認される。[68] ただし、その頃にはすでに摂津氏領分は大きく後退していたようであり、天文十三年には「欠所分」として扱われる。[69]

【註】

（1）工藤敬一「荘園制の展開」（『岩波講座　日本歴史』五、一九七五年）、伊藤俊一「中世後期における「荘家」と地域権力」（『日本史研究』三六八、一九九三年。のち伊藤『室町期荘園制の研究』塙書房、二〇一〇年）、榎原雅治「「地域社会」における村の位置」（『日本中世地域社会の構造』校倉書房、二〇〇〇年・初出一九九八年）など。

（2）特に、近年までに註1榎原論文などのように村落、在地社会における主体的な動向が明らかにされており、本章でも以下、同じ視点から室町期の諸集落をとらえたい。

（3）嘉元四年六月十二日昭慶門院御領目録案（竹内文平氏所蔵文書）。なお、本書では倉月荘関係の史料は原則全て『加能史料』により（序章の【表】参照）、一部は注記した資料を併用した。

（4）橋本秀一郎「加賀国倉月庄について」（『石川歴史研究』二、一九六一年）、『日本歴史地名大系一七　石川県の地名』（平凡社、一九九一年）。ほかに倉月荘の概要は、石田文一「加賀守護富樫氏の誕生」（『金沢市史』通史編一、第三編一章二節一、二〇〇四年）、室山孝「在国する公家たち」（同書第三編三章一節五）も参照した。

（5）『外記日記』弘安十年四月十六日。

（6）註3昭慶門院御領目録案。

（7）『美吉文書』は『加能史料』のほか、東京大学史料編纂所影写本によった。また、本章掲載史料の傍注などでは、『金沢市史』資料編一・二（一九九八・二〇〇一年）も参照した。

(8)「中原系図」(『続群書類従』一六四)(『金沢市史』資料編)、「中原氏系図」(『群書類従』六〇)(同書)。近藤成一「中家相伝の所帯、他人知行の号を残さず」(『遙かなる中世』一〇、一九八九年)、設楽薫「室町幕府評定衆摂津之親の日記「長禄四年記」の研究」(『東京大学史料編纂所　研究紀要』三、一九九二年)など。

(9)ただし、建武二年十月四日太政官符(色々証文)では、鎌倉幕府の滅亡に伴い闕所とされた倉月荘領家・地頭両職を、摂津氏の元本流中原氏(同師利)が所望したことも知られる。註8近藤論文など。

(10)湯澤(久留島)典子「中世後期在地領主層の一動向」(『歴史学研究』四九七、一九八一年)。

(11)大塚勲「駿河益頭庄地頭職摂津氏」(『今川氏と遠江・駿河の中世』岩田書院、二〇〇八年・初出二〇〇二年)。応永八年三月十日駿河守護今川泰範書状(美吉文書)など。

(12)【史料二】は註4『金沢市史』通史編一(四三一頁)に掲載された写真によった。『池田氏収集文書』はもと石川県七尾市に在住した資産家池田氏によって集められた文書群で、写真は七尾市史編さん室の調査によって撮影されたものという。和田学氏のご教示による。

(13)福田以久生「相模国狩野庄と狩野氏」(御家人制研究会編『御家人制の研究』吉川弘文館、一九八一年)。

(14)建武三年六月二十九日足利尊氏御判御教書(美吉文書)。

(15)なお、ここで松寺村が「廿丁方」と「十六丁方」とに分かれてそれぞれが「長崎…跡」とされていることは、鎌倉期にまで遡る領有上の事情を想定させるが、その詳細は不明である。

(16)註7『金沢市史』資料編一の当該史料(【史料三】)分の解説など。

(17)至徳三年十二月八日足利義満袖判御教書(美吉文書)、応永七年十一月十三日管領畠山基国施行状(同)など。

(18)暦応四年八月七日摂津親秀置文案(美吉文書)。

(19)田中大喜「南北朝期武家の兄弟たち」(『中世武士団構造の研究』校倉書房、二〇一一年・初出二〇〇五年)。

（20）実際に後掲【史料六】や【史料九】などでは、倉月荘における「代」官による荘務が確認される。下って文明十一年には摂津之親の被官として「大河縁兵庫」の存在・名前も注目される。『晴富宿禰記』文明十一年七月二十一日。

（21）湯浅治久「革嶋氏の所領と乙訓郡一揆」（『中世後期の地域と在地領主』吉川弘文館、二〇〇二年・初出一九八九年）など。

（22）註4橋本論文、『日本歴史地名大系一七　石川県の地名』。

（23）なお、前掲【史料三】で倉月荘に関しては、「穢土寺領分」が確認されるのみであったが、下って（穢土寺廃絶後か）「西芳寺領所々目録」（『蔭凉軒日録』長享二年七月五日）のうちにも「加賀国倉月庄内」が確認される。

（24）『鹿王院文書』はほか鹿王院文書研究会編『鹿王院文書の研究』によった。

（25）地主智彦・藤田励夫・西村幸信他「鹿王院領の構成と展開」（鹿王院文書研究会編『鹿王院文書の研究』思文閣出版、二〇〇〇年。「総論」、「近国・西国　加賀国」の項）。

（26）康暦二年六月二日管領斯波義将施行状（鹿王院文書）。

（27）二月十四日摂津政親書状（鹿王院文書）。なお、同政親は、文明十七年（一四八五）の後掲【史料九】などでも確認される。

（28）永享七年三月日宝幢寺・鹿王院寺領目録（鹿王院文書）。

（29）『南禅寺文書』はほか櫻井景雄・藤井学編『南禅寺文書』によった。

（30）前掲【図】に山口破出の位置は比定していないが、恐らく諸江破出と近接した所に位置したものと思われる。

（31）『蔭凉軒日録』長禄二年十二月二十日など。

（32）九月二十九日南禅寺役僧等連署申状（南禅寺文書）。なお、これは満親没後間もなく（一四五〇年頃）のものであろうが、詳細は不明である。

（33）大石直正「荘園公領制の展開」（木村茂光・井原今朝男編『展望日本歴史八　荘園公領制』東京堂出版、二〇〇〇年・初出一九八四年）。

(34) このようにひとつの荘内で複数の集落が別々の領主権力との関係を築く様相は、若林陵一「近江国奥嶋荘・津田荘における惣村の成立と在地社会の変質」(『歴史』一〇五、二〇〇五年)でもみた。また、ここでは、註2で述べた在地における主体的動向も意識したい。
(35) 『満済准后日記』応永二十一年六月八・九日(『続群書類従』補遺一)など。佐藤進一『室町幕府守護制度の研究』上(東京大学出版会、一九六七年。「第四章　北陸道加賀」の項)、註4石田論文など。
(36) 註17足利義満袖判御教書(美吉文書)。
(37) 菅原正子「公家衆の在国」(『中世公家の経済と文化』吉川弘文館、一九九八年。初出一九九一年・新出を再構成)。なお、倉月荘における中山家領については山家浩樹「室町幕府と加賀国」(『加能史料会報』一六、二〇〇五年)でも室町幕府との関係が言及される。
(38) 『薩戒記』応永三十三年九月三日など。
(39) 註4室山論文。
(40) ここで述べた公武による複合的な荘園経営維持の事例としては、和泉国日根荘が有名である。註37菅原論文、『泉佐野市史』五(二〇〇一年)など。倉月荘については、そうした複数の領有主体と幕府との関係をより総体的に評価することができる。
(41) 『蔭涼軒日録』長禄二年十一月十九日など。
(42) 今谷明「室町幕府の財政と荘園政策」(『室町幕府解体過程の研究』岩波書店、一九八五年・初出一九七五年)。
(43) 神田千里『日本の中世一一　戦国乱世を生きる力』(中央公論新社、二〇〇二年)も、寺社・公家「本所領」をめぐる室町幕府の積極的な姿勢を指摘している。
(44) 註4橋本論文など。
(45) 若林陵一「近江国奥嶋荘における領有状況の変遷と在地社会」(入間田宣夫編『日本・東アジアの国家・地域・人間』入間田

宣夫先生還暦記念論集編集委員会、二〇〇二年）。なお、倉月荘における守護勢力の動向については、若林「室町期・戦国期の加賀国倉月荘の「村」々と在地社会」『加能地域史』五八、二〇一三年。本書第二章）も参照のこと。

(46)「〜新保」は、隣の大野荘においても複数確認される。正中二年九月二十四日加賀国大野荘領家方田数注文（臨川寺文書）（『加能史料』）、正中二年九月二十四日加賀国大野荘地頭方田数注文（同）など。

(47) 今谷明「五山と北嶺」（『戦国期の室町幕府』角川書店、一九七五年）など。

(48) 若林陵一「臨川寺領加賀国大野荘の年貢運上をめぐる五山派寺院と延暦寺」（『竹貫元勝博士還暦記念論集　禅とその周辺学の研究』永田文昌堂、二〇〇五年）。応永十一年九月二十六日室町将軍家御教書（臨川寺文書）など。なお、大野荘に関しては、浅香年木「加賀国大野庄の領有関係」（『中世北陸の社会と信仰』法政大学出版局、一九八八年。初出一九七〇年のものを再構成）も参照した。

(49) 註45拙稿「近江国奥嶋荘における領有状況の変遷と在地社会」、註34拙稿など。

(50) 註48拙稿。

(51)「山門大講堂集会」に関しては湯浅治久「室町・戦国期における山門領荘園の支配と代官職」（河音能平・福田榮次郎編『延暦寺と中世社会』法藏館、二〇〇四年）が、同大講堂領近江国河上荘における支配構造を論じている。

(52) その相手方とは直接は、寺領を「寺務」の分であると号した同じ延暦寺内の者であったとも解されるが、そこでの議事が守護所へ伝えられている点などは、さらに今後考察したい。

(53) 勝俣鎮夫「中世武家密懐法の研究」（『戦国法成立史論』東京大学出版会、一九七九年・初出一九七二年）、清水克行『喧嘩両成敗の誕生』（講談社選書メチエ、二〇〇六年）。

(54) 註4『日本歴史地名大系一七　石川県の地名』など。

(55) そのこともあってか、従来でも倉月荘内の「大原新保」の事例のみ曖昧にされて来た感がある。なお、小原町は前掲【図】

のうちにないが、それより遙か南側の離れた所に位置する。
(56) ただし、筆者は、現小原町につながる「大原新保」の存在・可能性までは否定しない。その付近にも現新保本町などの地名があり、逆にそれが倉月荘内にあたる徴証はない。
(57) 文明八年十一月四日室町幕府奉行人連署奉書写（足水家蔵文書）。
(58) 南新保「東方」の記載は当該期の史料では確認されないが、のちには大名前田利家によって南新保の東方と西方とが支配されたようである。註4『日本歴史地名大系一七　石川県の地名』。
(59) この点と関連して、延暦寺がのちに「倉月庄内磯辺廿町方」を押領したという事情も納得されよう。長享三年八月五日室町幕府奉行人連署奉書（美吉文書）など。
(60) 註4『日本歴史地名大系一七　石川県の地名』。なお、白山社との関係で、倉月荘内には「白山権現内免田」があったことも知られる。建武二年六月十八日中原親高田地寄進状案（白山比咩神社文書）。
(61) 金龍静「加賀一向一揆の形成過程」（『一向一揆論』吉川弘文館、二〇〇四年・初出一九七六年）、註43神田論著、永井隆之「蓮如および村の門徒の百姓身分観」（『歴史学研究』八二四、二〇〇七年）など。
(62) ここで摂津氏の知行が認められた「庶子分」とは、前掲【史料三】で「惣領能直分」に続いて庶子らに譲与されたもの（含省略部分）と関係するのではないか。
(63) 松岡寺は、この頃より加賀国で勢力を持ってくる一向衆寺院「賀州三ヶ寺」（ほか本泉寺・光教寺）のうちとして知られる。
(64) 文明十五年十月十七日覚善等屋敷寄進状（勝授寺文書）、永正十六年一月十日浄正屋敷売券（同）など。なお、このことに関して筆者は、アジア社会研究会設立シンポジウム『共鳴する地域と国家』（二〇〇七年一月二十七日。東北大学川内キャンパス）で報告した。
(65)『天文日記』天文五年十月二十二日条など。

(66) 註1工藤論文、伊藤論文、高橋典幸「武家政権と本所一円地」(『鎌倉幕府軍制と御家人制』吉川弘文館、二〇〇八年・初出一九九八年)。

(67) 室町期荘園としての幕府・延暦寺などによる領有の錯綜に関連しては、西島太郎「朽木氏の針畑庄支配と山門・幕府」(『戦国期室町幕府と在地領主』八木書店、二〇〇六年・初出二〇〇〇年)も参照した。

(68) 註65『天文日記』。

(69) 『天文日記』天文十三年十月二十三日。

第二章　室町・戦国期倉月荘の「村」々と在地社会

はじめに

本章の舞台となる加賀国倉月荘（浅野川左岸・右岸一帯）は、鎌倉期から室町期、幕府御家人摂津氏領の荘園として知られ、[1]その範囲には青崎、近岡、直江、大河縁、南新保、諸江破出、諸江、安江、（中）大浦、木越、千田、松寺、磯部、奥、岩方、赤浜などの集落が含まれた。[2]下の【図】には、その倉月荘内各集落の分布図（模式図）を掲載した。[3]

筆者は先の第一章で、南北朝・室町期頃の倉月荘における領有状況の変遷に着目し、そこでは同荘が摂津氏の一円支配のもとにあったところ、室町幕府関係の寺社・公家などもそれに関与することになると指摘した。[4]また、同じ頃の

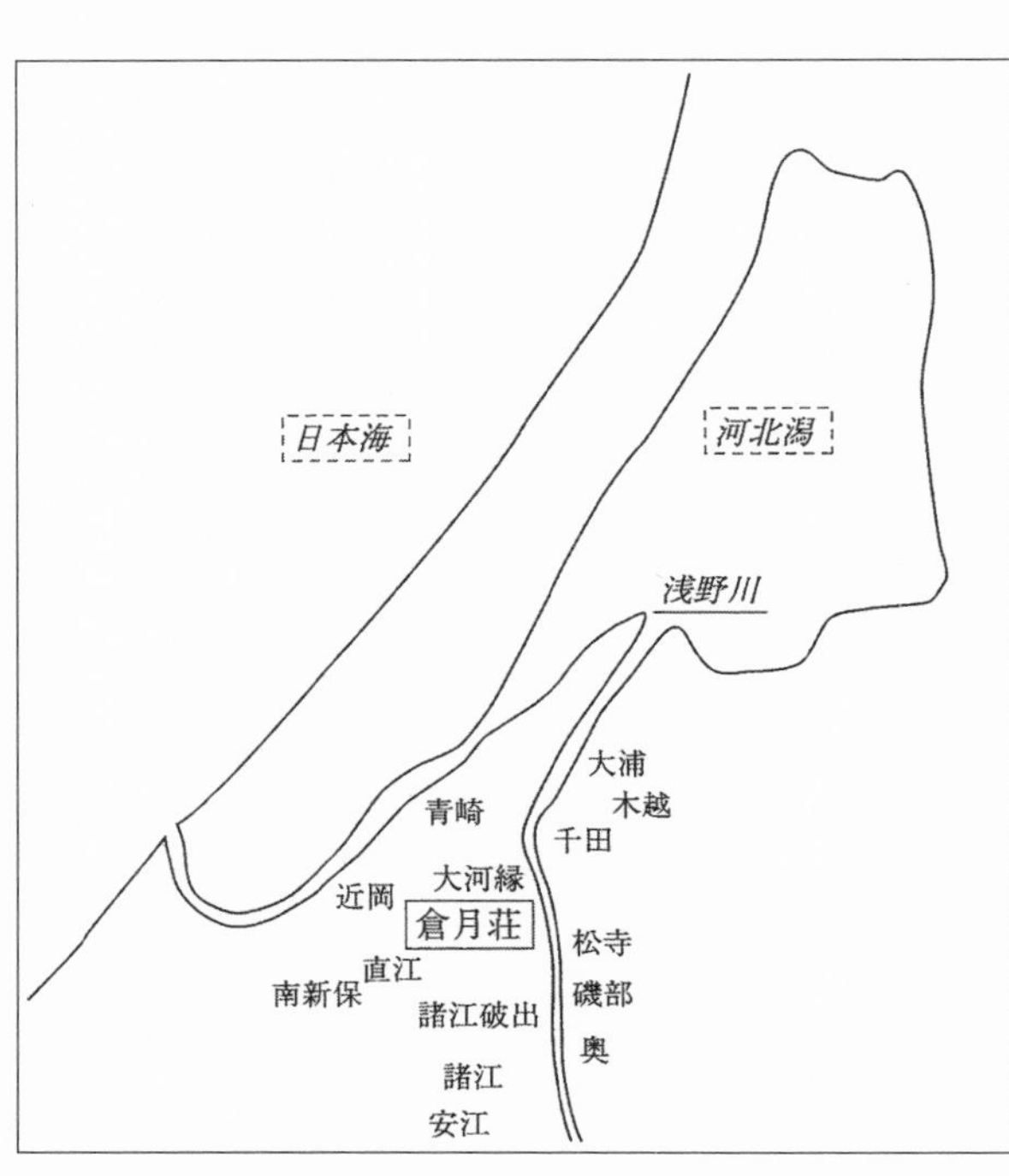

【図】倉月荘内集落分布図

倉月荘においては、そのなかでもそれぞれ異なった複数の集落が登場して来た。そして、前章ではそれらの状況がさらに「十五世紀も半ば過ぎになると、」と展望したが、本章では同荘における領有の錯綜、諸集落の動向について、まさしくその後の展開に着目して考察したい。

一、倉月荘をめぐる複数の領主と「村」々―山門・守護の「違乱」

前章では、十四世紀から十五世紀頃の倉月荘の領有は、室町幕府評定衆摂津氏による一円支配を経て臨済宗禅院宝幢寺（十刹。鹿王院）による松寺・赤浜、[5] 同じく五山禅院南禅寺による諸江破出、[6] 中山家（武家伝奏）による木越・岩方[7]などの領有がみられるようになると指摘した。そして、それもさらに時期が下ると、同荘では室町幕府関係の勢力だけでなく、それを「押領」する主体が登場して来る。例えば、そのひとつが次の史料にみえる延暦寺である。[8]

【史料一】室町幕府奉行人連署奉書（美吉文書）

加賀国倉月庄内近岡村・南新保・大河縁等事、為山門掠給奉書、致違乱云々、甚無謂、早任当知行之旨、弥可被全領知之由、所被仰下也、仍執達如件、

文明九年十月十五日　　丹後前司（松田秀興）（花押）
　　　　　　　　　　　和泉前司（清貞秀）（花押）

摂津修理大夫（之親）殿

文明九年（一四七七）、先に摂津之親より幕府へ倉月荘内の近岡・南新保・大河縁のことで訴えがあったのであろう。【史料一】では、「山門として奉書を掠め給い、違乱を致す」というのは、はなはだけしからぬ。摂津氏のその「領知

を全うせらるべ」し、と幕府奉行人奉書が之親へ下された。

前章で述べた通り、この頃にはすでに倉月「庄」においては「村」など複数の集落（【史料一】の三集落など）がそれぞれ独自に活動するようになっていた。この点については、本章でものちに詳述したい。なお、ここでは倉月荘に対して山門「違乱」が問題にされているが、実際にはこれも前章で指摘したように、延暦寺側にもその行為（領有の主張）は「相当之儀」(9)である、との認識があったようである。

また、明応二年（一四九三）には、この南新保に延暦寺とは別に西郡四郎（幕府奉公衆）の影響もうかがえ、そこでは「倉月庄内南新保西方」という表記もみられる。(10)すなわち、この頃の各地荘園では複数の領有主体が散在し、それは在地社会の動きとも連動していた。そのことが、ここでは地域表記（南新保西方と東方の別）にも反映されていたのではないか。

そして、これより少しあとの倉月荘への延暦寺の影響をもう一点、史料をあげてみておこう。

【史料二】室町幕府奉行人連署奉書（美吉文書）

左京大夫局（妙宗カ）雑掌申加州倉月庄内磯辺廿町方事、動及違乱云々、言語道断之次第也、所詮不日可被止其妨、猶以為同篇者、可有異沙汰之由、被仰出候也、仍執達如件、

長享三

八月五日　宗勝（飯尾元連）（花押）

数秀（松田）（花押）

山門本院北谷学頭代

長享三年（一四八九）、倉月荘内磯辺の一部（「廿町方」）に山門本院北谷が何か「違乱」したのであろう。それに

対する左京大夫局方の訴えを受けて、【史料二】の幕府奉書が発給された。なお、この左京大夫局は本願寺蓮如の女妙宗のこととみられる。[11] 左京大夫局の活動は、当時の摂津氏領倉月荘において、延暦寺排除の後ろ盾に本願寺勢力が台頭して来たことをうかがわせるか。その点は、次の二へ進む上で留意しておきたい。

そして、ここではのちの時期の幕府奉行人奉書を、もう二点みておこう。[12]

【史料三】室町幕府奉行人連署奉書（美吉文書）

知行分加賀国倉月庄内中大浦村事、富樫介入道（泰高）押領之条、先立御成敗之処、于今難渋云々、太無謂、所詮重而被成奉書之旨、被存知候、弥可被全領知之由、所被仰下也、仍執達如件、

明応九年十一月十三日　前丹後守（松田長秀）（花押）

豊前守（松田頼亮）（花押）

摂津中務大輔（元親）殿

【史料四】室町幕府奉行人連署奉書（美吉文書）

知行分加賀国倉月庄内中大浦村事、帯御下知等、当知行之処、守護押領云々、甚無謂、不日退其妨、弥可被全領知之由、所被仰下也、仍執達如件、

永正弐年十月十八日　遠江守（斉藤宗基）（花押）

豊前守（松田頼亮）（花押）

摂津中務大輔（元親）殿

これらふたつの史料はともに、摂津氏「知行分加賀国倉月庄内中大浦村」のことを取り上げたものである。そして、まず【史料三】は、明応九年（一五〇〇）に摂津元親へ下された室町幕府の奉行人奉書である。その内容は、摂津氏

の「知行分」である中大浦村に対して、先に富樫泰高の「押領」があったが、今後も元親によって「領知を全うせらるべ」し、というものである。

また、次の【史料四】によると、永正二年（一五〇五）にも、摂津氏「知行分」の倉月荘中大浦村への「守護押領」が問題となっており、これも先と同じような内容の幕府奉行人奉書が摂津氏のもと（『美吉文書』）にのこされた。なお、当時の加賀「守護」は、富樫稙泰（泰高孫）であったとみられる。これらのようにこの頃の倉月荘では先の延暦寺の一方、中大浦などへの守護の影響も確認できる。

以上、十五世紀後半から十六世紀初頭にかけて、倉月荘では各集落が「村」としてあらわれ、また摂津氏領の一方で室町幕府の関係寺社領がみられるようになった（前章参照）。そして、本章の一では、それらに加えて延暦寺や守護勢力による倉月荘での「違乱」や「押領」も確認できた。ただし、これらの行為（「違乱」「押領」）は、あくまで幕府側の認識である。ここでは、そのような当該期の同荘における複数の領有主体の存在をおさえた上で、二ではさらにのちの状況についてみていきたい。

二、倉月荘における「村」々と一向一揆―諸江惣村と河北郡四ヶ村

さて、以降でも、倉月荘へ進出したような勢力（いわゆる「違乱」や「押妨」の主体）は複数確かめられる。そのことを意識した上で二では、一方でみられた同荘における「村」々の動き、成立とその後の在地社会の展開を考察したい。

【史料五】室町幕府奉行人連署奉書（美吉文書）

摂津中務大輔（政親）知行分加州倉月庄内磯部庶子分幷青崎村等事、就富樫次郎（政親）押領、度々雖有御成敗、于今不去渡云々、太不可然、所詮不日合力彼代、可被全所務之由候也、仍執達如件、

文明十七

九月廿一日　　　　数秀（松田）（花押）

　　　　　　　　　宗勝（飯尾元連）（花押）

松岡寺（蓮綱）

まず、【史料五】は文明十七年（一四八五）の同じく室町幕府奉行人奉書であり、そのなかでは摂津政親知行分「倉月庄内磯部庶子分幷青崎村」のことが問題とされている。ここでは倉月荘のうち磯部と青崎（「村」）が登場するが、そのうち「磯部庶子分」とは暦応四年（一三四一）、摂津親秀が土地などを譲与した際にみられた「惣領…分」[13]類の一方、「庶子分」ということであろうか。なお、【史料五】にも富樫次郎政親＝守護勢力の「押領」がみられる。[14]

筆者は別に近江国奥嶋荘・津田荘を事例に、当該期の「村」々が主体的に領主権力を複数のなかから選択し、それぞれが関係を構築すると指摘することがあったが、[15]倉月荘でも「村」・在地からみれば、守護勢力は同じく選択肢のひとつに過ぎなかったであろう。この点についてはまた後述したい。

ところで、磯部には前掲【史料二】でも左京大夫局＝本願寺蓮如女妙宗の影響がうかがえ、またここには浄土真宗聖安寺・磯部衆の存在も知られる。[16]そして、この【史料五】は松岡寺へ宛てられたが、この頃に本願寺一族の複数（ともに同蓮如子息）は加賀国へ下り、波佐谷松岡寺（蓮綱）・二俣（若松）本泉寺（蓮乗・蓮悟）・山田光教寺（蓮誓）がそれぞれ「賀州三カ寺」として勢力を持った。[17]ここではそのなかの、倉月荘における松岡寺の登場という点をおさえておこう。

そして、その状勢の一方、次の史料も注目される。

【史料六】浄正屋敷売券（勝授寺文書）

永代売渡申公文名之屋敷之事

合四百本者、（略）

右彼之屋敷者、依有要用、代銭四貫参百文ニ、弐百参十本を本券一通相副、永代売渡申処実正也、然上者我々為子々孫々違乱煩申輩候ハ、、為公方・同名、堅盗人之御罪科可有者也、其時全一言之子細申間敷候、仍為後日永代売券之状如件、

「（後筆）諸江惣村（黒印）」

永正拾六年正月十日　浄正（略押）

売主

倉月之庄諸江村之住人

【史料六】では、永正十六年（一五二〇）の「売主倉月之庄諸江村之住人」・浄正の屋敷売券が『勝授寺文書』としてのこされる。そして、その売買を保証したのが後筆で記された「諸江惣村」である。

惣村とは一般的に、十四世紀頃に各地（近江国など）であらわれた「自治的な村落」[18]として知られ、また蔵持重裕氏はこれを一個の独立した「国家的村落」と評価する。[19]この「諸江惣村」という記載自体は【史料六】よりのちに書かれたものと思われるが、ここでは、倉月荘の一集落であった諸江がついにはひとつの「惣村」として独立した流れ、そのような当該期における主体的な「村」（保証主体）のあらわれを重視したい。

なお、諸江には、本願寺一族蓮実が築いた母親（存如女栃川尼公）の住坊として諸江坊（現福井県勝授寺）があっ

た。[20] そして、倉月荘には当時このような独立した一個の「村」(いわば諸江坊を核とした「国家的村落」諸江など)がそれぞれ登場した。さらに、次の事例にも、倉月荘などのうちで一向一揆勢力の影響を強く受けた所がみられる。

【史料七】本願寺実如書状(光徳寺文書)

為志銀子三枚到来、遠路懇志之程、難有覚候、就其当流の安心の趣といふハ、更に余の方へこゝろ(心)をふらす(振)、唯もろ〳〵(諸々)の雑行雑善の心をふりすて(振捨)ゝ、一心一向に弥陀に帰命し奉る人々ハ、皆悉極楽に往生すへき事、努々疑あるまし(有間敷)く候、此にハ仏恩報謝のため(為)に、念仏可申計ニ而候、此通り各々細々談合尤ニ候、穴賢々々、

卯月朔日　　実如(本願寺)(花押)

加州河北郡
八田
大浦
千木
木越
光徳寺
廿八日講中

(モト封紙ウハ書)
「加州河北郡四村
光徳寺　　実如
廿八日講中　」

【史料七】は、大永四年(一五二四)頃のものであろうか。[21] 先だって「志として銀子三枚」がおさめられたお礼として、

本願寺実如から「河北郡四村」へ送られたものがその内容である。

まず、同「四村」のうち八田は近世の八田村へと続く早い事例であり、そもそもどこかの「庄」内などに確認できるものではなかった。また、大浦は前掲【史料三・四】でみた中大浦（「倉月庄内中大浦村」）と同じ所であろう。次に、千木は早くに「千木保」(23)や「千木村」(24)として確認されるなど、永く倉月荘外としてあった集落である。逆に、木越はこれも早くに「倉月庄内木越村」としてみられた所である。(25)

そして、【史料七】では、これら「四村」が「光徳寺廿八日講中」としてあらわれた。光徳寺（現石川県七尾市）は早くに木越にあった寺院（「木越光徳寺」）(26)で、この頃には磯部聖安寺（先述。磯部）や吉藤専光寺、鳥越弘願寺とともに本願寺下で「四頭衆」のうちや、在地における「大坊主」寺院としてあったことが知られる。(27)ここでこれら「四村」がとった行動も、やはり当該期の倉月荘などにみられた各「村」々の選択肢のひとつの結果であろう。

以上、加賀国の在地社会では各「村」が登場したのと同じ頃、守護富樫氏とは別に一向一揆勢力（本願寺勢力）が盛んにみられ、これも当該地域の一大公権と評される程になった。(28)そして、摂津氏領倉月荘の十五世紀後半から十六世紀に入っての状況も、そのなかにあらわれ、二であげた「諸江惣村」や「河北郡四村」の行動・すがたはともにそれを象徴したものと言える。

おわりに

本章では加賀国倉月荘を題材に、十五世紀後半から十六世紀前半頃までの諸集落の動向、在地社会の様子を考察して来た。ところで、先にも触れた通り筆者は別に、十五世紀頃の近江国奥嶋荘（奥嶋・王浜・白部・円山）・津田荘（北津田・中庄・南津田）における「村」々の成り立ち、在地社会の様子について考察することがあった。[29]倉月荘でも同じ頃に荘内で各集落が分立し、前章ではそれぞれのなかで異なった領有状況が展開したことをみたが、本章ではそれに加えて、のちの同荘における一向一揆の影響までを取り上げた。そして、それらの動きは在地社会における「村」々の成り立ちと一連のこととしてあったと評価したい。

なお、倉月「庄」内部の「村」では、「加卜（河北）郡蒼（倉）月庄木越」[30]や「石川郡倉月庄諸江」[31]が知られるように、本来ひとつの「庄」であったところからふたつの「郡」に分かれてそれぞれ属す「村」がみられるようになる（「庄」から「村」の分立へ。「郡」の顕現）。そして、倉月荘ではその後、天文五年（一五三六）に、摂津元親が「倉月庄内安江村・奥村・粟崎村・直江村・中大浦村以上五ヶ所」（安江・奥・青崎・直江・中大浦）の知行を主張する。[32]

また、同じ頃には、「嵯峨西芳寺領加州宮保・近岡村・供料田・諸江村」四ヶ村の知行が主張されることもあった[33]が、ここにはもう「倉月庄」との記載はみえない。さらに、天文十三年には、ついに直江村・中大浦村も「欠所分」とされ[34]、それ以降の「倉月庄」はほとんど確認できなくなる。そこでは各「村」の活動がより盛んになるが、その点は同地域における一向一揆の展開とともに第三章でもう少しみてみたい。

【註】

（1）嘉元四年六月十二日昭慶門院御領目録案（竹内文平氏所蔵文書）、暦応四年八月七日摂津親秀譲状（美吉文書）、康暦元年六月十九日足利義満御判御教書（同）、至徳四年六月十五日管領斯波義将施行状（同）。本章の史料は全て『加能史料』により（序章の【表】も参照）、一部は注記した資料・刊本を併用した。

（2）橋本秀一郎「加賀国倉月庄について」（『石川県歴史研究』二、一九六一年）、『日本歴史地名大系一七　石川県の地名』（平凡社、一九九一年）。

（3）倉月荘各集落のうち多くは現地比定ができるが、岩方と赤浜の位置（推定あり）のみ【図】に反映していない。

（4）若林陵一「摂津氏領加賀国倉月荘における領有状況の錯綜と在地社会」（『地方史研究』三三五、二〇〇八年。本書第一章）。以下、これを「前章」とのみ表記する。

（5）康暦二年六月一日足利義満寄進状案（鹿王院文書）。

（6）応永二十四年十二月十三日摂津満親寄進状案（南禅寺文書）。

（7）『薩戒記』応永三十二年九月三日。

（8）以下、この頃の状勢については、室山孝「在国する公家たち」（『金沢市史』通史編一・原始・古代・中世、第三編三章一節五、二〇〇四年）を参照した。

（9）文明四年九月十六日延暦寺大講堂集会議定書写（来迎院如来蔵聖教包紙）。

（10）明応二年十二月二十九日室町幕府奉行人連署奉書（美吉文書）。東四柳史明「応仁・文明の乱のなかで」（註8『金沢市史』通史編一・原始・古代・中世、第三編一章三節二）、註8室山論文。

（11）註2『日本歴史地名大系一七　石川県の地名』、『金沢市史』資料編二・中世二（二〇〇一年）。

（12）以下、この頃の状勢については、木越祐馨「大坊主の登場と長享の一揆」（註8『金沢市史』通史編一、第三編三章一節一）、同「本泉寺蓮悟と一揆衆」（同節三）、同「一揆衆の主役交代」（同節四）を参照した。

（13）註1摂津親秀譲状。

（14）註10東四柳論文。

（15）若林陵一「近江国奥嶋荘における領有状況の変遷と在地社会」（入間田宣夫編『日本・東アジアの国家・地域・人間』入間田宣夫先生還暦記念論集編集委員会、二〇〇二年）、若林「近江国奥嶋荘・津田荘における惣村の成立と在地社会の変質」（『歴史』

一〇五、二〇〇五年）。

(16) 註2『日本歴史地名大系一七　石川県の地名』、註11『金沢市史』資料編二。

(17) 註12木越論文（三編）。

(18)『日本史広辞典』（山川出版社、一九九七年）。

(19) 蔵持重裕『中世村落の形成と村社会』（吉川弘文館、二〇〇七年）。

(20) 註2『日本歴史地名大系一七　石川県の地名』、註12木越論文（三編）。

(21) 註11『金沢市史』資料編二。

(22) 註2『日本歴史地名大系一七　石川県の地名』。

(23) 建武三年二月七日建部頼春申状案（南禅寺文書）。

(24) 康正二年五月二十二日足利義政御判御教書案（建内文書）。

(25) 註1摂津親秀譲状。

(26) 文明三年六月二十五日親鸞絵伝裏書（珠洲市西光寺所蔵）。

(27) 註12木越論文（三編）。

(28) 川戸貴史「加賀国金津荘の荘家一揆と一向一揆」（『ヒストリア』二〇七、二〇〇七年）。

(29) 註15拙稿「近江国奥嶋荘・津田荘における惣村の成立と在地社会の変質」、若林陵一「近江国奥嶋荘・津田荘・大嶋奥津嶋神社にみる「惣」と各集落」（『民衆史研究』八三、二〇一二年）。

(30) 註26親鸞絵伝裏書。

(31) 天文十二年一月十三日方便法身尊像裏書（正覚寺文書）。

(32)『天文日記』天文五年十月二十二日。

(33)『天文日記』天文五年十月十二日。
(34)『天文日記』天文十三年十月二十二日。

補足　倉月荘から近世の「村」へ

ここでは第二章から第三章へと行く前に、倉月荘域にあった「村」のすがた、あとに続く近世の様相を簡単に確認しておこう。

1．戦国期倉月荘の「村」―松寺村と岩方村

倉月荘内の村は戦国期の頃よりそれぞれ特徴的なすがたで登場した。そのひとつが第二章でみた通り、一向一揆・本願寺勢力に関係する村々の事例である。

例えば、諸江坊を核にした「諸江惣村」、すなわち「諸江村之住人」らの集まりがあげられる。[1] 一方、木越村では光徳寺を核にした木越等「河北郡四村」の集まり、光徳寺廿八日講中の事例が確認される。[2] これら一向一揆関係の「村」に関しては、次の第三章で取り上げ詳述したい。

そして、ここでは第一章や後ろの第六章で触れる宝幢寺領松寺村の事例に注目しよう。まず、それらの章では掲載していない史料を三点追加したい。

【史料一】松寺東西方百姓書状（鹿王院文書）

（端裏書・奥ウハ書略）

端書不申候、

御状委細令拝見申候、仍今度ハ為御上使慶蔵主幷力者差下御申候、近比於在所不可満足之過候、就中有様御年貢

等相調参候、然ハ崩名之儀、委細慶蔵主へ申上候間、具御申可有候、恐惶謹言、
松寺御百姓中
（天文二十年）
卯月廿日　東西（花押）
宝幢寺
御役者中
まいる人々御中

【史料二】松寺東西沽却地注進状（鹿王院文書）
（端裏書）
「松寺東西沽却地注進状　天文廿亥五月慶蔵主上時、」
東方くすれ（崩）名之御事、
入連名四分一・成仏名四分一、此両名ハ中村衛門次郎と申物売くす（崩）し申候、又石太郎持之内入連名四分一ハ、左衛門次郎と申物売くすし申候、此等趣御申あるへく候、恐々謹言、
東西（方）番頭
（天文二十年）
三月廿五日　三郎左衛門（花押）
慶蔵主まいる

【史料三】松寺西方名分売渡公田注文（鹿王院文書）
松寺西方名分
若松殿（本泉寺蓮悟）へ売申候公田分之事
六段卅苅　家定名分　売主蘆田方

五段五拾苅　宗友半名分　売主与七郎
壱段五拾苅　平四郎名　売主彦さ衛門
弐段　　　　藤六名　　売主蘆田方
壱段廿苅　　　　　　　売主彦さ衛門
藤七郎

天文廿年卯月廿日　西方村番頭（花押）

【史料一】は、端裏書（煩雑になるため掲載省略）に「松寺東西注進状　天文十九戌年年貢□之、同廿亥春慶蔵主」とあり、内容は天文二十年（一五五一）、松寺村（東方・西方）の百姓中が年貢・名田のことで宝幢寺側と交渉（報告しようと）したものである。この頃には前年分の年貢上納に際して、「崩れ名（みょう）」（名の売り崩し）や公田管理のことで問題が生じたのであろう。そのうち東方番頭による詳細な報告が【史料二】であり、同じ頃には別に、西方番頭が「若松殿」（本泉寺蓮悟）へ売却した名田注文（＝【史料三】）ものこされる。(3)これらが「崩れ名」の正体であろう。

ここでは中央の荘園領主に支配（管理）されながらも、松寺村がひとつの「村」（＝交渉主体）として自立的に動いたすがた（東西の百姓中や番頭ら）が想定される。ただし、当時はそのような松寺村にも本願寺勢力が関与したようである。

次に岩方村の場合である。同村は現在の地名としてはのこらず、現木越町・千田町・松寺町の周辺に比定される。(4)

【史料四】中山孝親用水安堵状写（蟬冕魚同）

（袖判脱ヵ）

――岩方村用水之事

［　］参貫伍百文者、

［　］銭者、依為御詫言被仰付候、然者毎年参貫□百文之分可引之由、被仰出候也、仍補任状如件、

□（元カ）亀二年十二月廿日　――

当村番頭・惣百姓中

この【史料四】の年次は恐らく元亀二年（一五七一）とみられ、岩方村の用水安堵状を中山孝親家が当村番頭・惣百姓中に宛て発給したものである。現地では用水利用のために申請（侘言）をし、その見返りに礼銭があった。そのような「村」による用水運営と領主中山家に保障を欲求した動きがうかがえる。なお、中山家からはほかに岩方村の「庄園名主職補任状」も複数発給された。[5]

2. 近世の「村」へ――むすびにかえて

さて、近世には旧倉月荘のうち各村ともが、加賀藩のもと石川・河北両郡の各十村組に所属した。

例えば、「加州三郡高免付御給人帳」[6]に収められた寛文十年（一六七〇）の十村組村付けには、渕上村三郎兵衛組に粟崎村（「橋粟ヶ崎村」）・近岡村・直江村等、田井村喜兵衛組に下安江村・諸江村・南新保村・割出村・大河端村等、五（御）所村源兵衛組に沖村・磯部村・松寺村・寺町村（もと赤浜村か）等、田野嶋村新右衛門組に木越村・大浦村・千田村等が確認される。

ほかに「村」々の行動を確認できる事例もいくつかみられ、例えば万治四年（一六六一）、「倉着（月）用水下拾三

ヶ村之村々百姓共」が用水の利用や、人足の取立に関して加賀藩へ嘆願した。(7) そこでは西念新保・南新保・北広岡・下安江・上安江・直江・近岡・戸水獄（御供）田・大友・割出・長田・二口の各村百姓代表（肝煎）による連署が認められる。

また、次の史料をみておこう。

【史料五】江下七ヶ村肝煎連名願書（加越能文庫「改作所旧記」一二）(8)

乍恐御断申上候、

一、私共在所七ヶ村へ取申用水、浅野川小橋之下モゟ取上ケ申候、然所右用水町之内ヲ通申候へハ、御餌指町幷御地子町家有之所、年々屋敷ヲ仕出シ、江せは（狭）く罷成、つかへ（閊）水めいわく（迷惑）仕候、先年ハ幅九尺余之用水ニて御座候、今以笹島助左衛門様ゟ下ハ、其通に御座候へ共、右御餌指町幷御地子町之内ハ、漸く弐・三尺程ニ罷成申候、折々断申入候得共、漸々せはく罷成申候間、先年之通江幅ひろけ（広）申様被仰付被下候者、難有忝可奉存候、以上、

元禄十一年三月十五日

浅野中嶋村

沖村

磯部村

松寺村

寺町村

東蚊爪村

大浦村

肝煎連名

田井村　次郎吉殿
南森下村　太兵衛殿

（略）

元禄十一年（一六九八）の【史料五】は、浅野川沿岸の七ヶ村＝浅野中嶋村・沖村・磯部村・松寺村・寺町村・東蚊爪村・大浦村の各肝煎が連署で加賀藩へ申請したもので(9)ある。町方の屋敷地が迫り出して年々用水幅を狭くするので、先年通りの幅を確保して欲しいとのことであった。もと倉月荘では十七世紀になると、各「村」が広域に活動・結合し、用水の利用を自らの交渉のもと守ろうとした様子がうかがえる。

倉月荘では、遅くとも十六世紀にはいくつかの「村」が百姓等の集団として自立し、「村」として一個の交渉主体になった。それらは次第に整備された組織を持ち、自らの代表である肝煎や広域の十村組に組み込まれた近世の「村」へ、さらに現代の私たちが暮らす町・集落につながった。

なお、本補足の最後に、あわせて下の【表】を掲載したい。

【表】倉月荘内集落一覧

中世集落	近世村	郡名	現在地	領有主体	備考
青崎	粟崎村	石川郡	粟崎町	摂津氏	対大野荘（本書第４章）
大河縁	大河端村	石川郡	大河端町	摂津氏	対山門（本書第１章）
直江	直江村	石川郡	直江町	摂津氏	
近岡	近岡村	石川郡	近岡町	摂津氏・穢土寺	
諸江破出	割出村	石川郡	割出町	（摂津氏→）南禅寺	
南新保	南新保村	石川郡	南新保町	摂津氏・延暦寺ヵ	大原新保ヵ（本書第１章）
諸江	諸江村	石川郡	諸江町	西芳寺ヵ	
安江	下安江村	石川郡	北安江町	摂津氏	ほか安江荘・保（本書第４章）
中大浦	大浦村	河北郡	大浦町	摂津氏	
木越	木越村	河北郡	木越町	摂津氏・中山家	
赤浜	（＊参照）	河北郡	（＊参照）	宝幢寺	
千田	千田村	河北郡	千田町	穢土寺	
松寺	松寺村	河北郡	松寺町	摂津氏・宝幢寺	
磯部	磯部村	河北郡	磯部町	摂津氏	
奥	沖村	河北郡	沖町	摂津氏	小坂荘興保（本書第４章）
岩方		河北郡	（木越・千田・松寺町）	摂津氏・中山家	

＊赤浜村は『加賀志徴』では東蚊爪村に比定されるが、筆者は八幡神社が鎮座する近世寺町村（現北寺町）の可能性を指摘したい。

そこでは倉月荘内にみられた各集落の名称とそれぞれの領有主体（第一章・二章参照）、それらに続く近世村落や現在地（比定地）等を一覧に集めた。この情報を踏まえて第三章では、引き続き倉月荘域の「村」のすがたを追究する。その前に、次の付章一では一旦倉月荘とは別の事例から、南禅寺領荘園の様子をみてみよう。

【註】

（1）永正十六年正月十日浄正屋敷売券（勝授寺文書）。文明十五年十月十七日覚善等屋敷寄進状（同）、享禄三年十二月二十二日幸道兵衛屋敷売券（同）。本補足では一部注記した史料を除き、全て『加能史料』によった。

（2）四月一日本願寺実如書状（光徳寺文書）、室町幕府奉行人連署奉書写（八坂神社文書）。

（3）宝幢寺領松寺はこのほか「（倉月庄之内）松寺保」としても確認される。永禄一年九月二十七日本願寺内衆下間氏連署奉書写（鹿王院文書）、六月七日摂津元造書状（同）。

（4）『日本歴史地名大系一七　石川県の地名』（平凡社、一九九一年。「倉月庄」の項）

（5）大永七年六月日中山康親名主職補任状案（松雲公採集遺編類纂）、元亀三年六月三日中山孝親名主職補任状写（蝉冕魚同）。

（6）『加州三郡高免付給人帳』（石川県立歴史博物館蔵後藤家文書）（『金沢市史』資料編九）。

（7）万治四年三月十三日倉月用水下百姓等願書付写（加越能文庫「温故集録」一九）（『金沢市史』資料編九）。

（8）『金沢市史』資料編九（近世七）。

（9）なお、この七ヶ村のうち傍線を付した四ヶ村は倉月荘内の諸村（沖村は奥村）よりなり、同じく点線部の寺町村か東蚊爪村が赤浜村の後身とみられる。

付章一　加賀国得橋郷の村々と中世社会

はじめに

加賀国得橋郷[1]は、現在の石川県能美市・小松市内にあたる。およその郷域は、北部が能美市牛島町から佐野町付近、東部が小松市上八里町・下八里町、南部が小松市佐々木町・荒木田町あたりまでとみられ、そのなかには加賀国の国府・周辺区域も含まれた。なお、得橋郷は古代の兎橋（ウハシ）郷を継承したことに始まり、のち中世には南禅寺領得橋郷となった。それ以前は「得橋介跡」（在庁官人系所領か）であったものがのちに鎌倉幕府料所となり、さらに同幕府より亀山法皇へ、法皇から南禅寺へと寄進される経緯を辿ったようである。[2]

さて、結論を先に言ってしまうと、得橋郷は広い郷域を有し、郷内は性格が異なるいくつかの区域にわたる。そして、同じく十四世紀初頭には、後述する通り内部の村がいくつか登場し、それらがのちの近世「村」（さらに現代の集落まで）へとつながる。以下、付章一では、得橋郷について、まわりの環境も踏まえながらとらえ、郷内の「村」々の動きを考察する。その際にそれぞれの区域の様子にも注意したい。なお、得橋郷の全域（遊泉寺村は域外。後述）について、次頁にあげた【図】も参照していただきたい。

【図】得橋郷の全域

一、南禅寺領得橋郷の牛島村と佐野村

「はじめに」を受けた上で、一では得橋郷のうち牛島・佐野の両集落（村）を取り上げたい。まずは牛島村に関係する史料を一点、次に掲げよう。

【史料一】六波羅下知状（南禅寺慈聖院文書）(3)

加賀国得橋郷内佐羅別宮御供田雑掌貞清申同国得橋本郷〈牛島村〉地頭代乗賢押領当御供田、致苅田追捕由事
右就訴状、為有其沙汰付、使者安房蔵人大夫氏時・富樫四郎泰景下召文之処、如氏時等執進乗(衍カ)賢去九月廿五日乗
賢和与状者、御供田事任泰隆之例、雖致其沙汰、自河〈上者軽河(海脱カ)、／下者乃美河、〉北者為御供田、自今以後不可相綺、〈自余略之、〉
年貢追貢追捕事、以半分可弁云々、如貞清同日状者、於御供田者、被打渡之畢、至得分追捕者、以半分可弁之由、
被申之上者、自今以後不可致訴訟云々者、和与之上者不及異儀、任彼状可致其沙汰、仍下知状如件、

嘉元二年十一月十二日

越後守平朝臣(金沢貞顕)（花押）
遠江守平朝臣(北条時範)（花押）

この史料は嘉元二年（一三〇四）、得橋郷内「佐羅別宮御供田」について、雑掌貞清と地頭代乗賢の訴訟を受けての六波羅下知状である。(4)ここで佐羅別宮側は当地の「御供田」を主張した。一方、乗賢は牛島村（現能美市牛島町）＝「得橋本郷」の取分を主張したが、その乗賢の行為を佐羅別宮側は「押領」と主張したことが訴訟の内容である。そして、【史料一】の問題は結局「和与」のかたちをむかえた。

ところで、佐羅宮は白山七社・中宮三社のうちであり、白山社最古の縁起書とされる『白山之記』には「佐羅大明神宮」

として登場する。(5) なお、この佐羅宮は現在の佐良早松神社（白山市佐良）に比定される。(6) さらに、徳治三年（一三〇八）にも南禅寺領得橋郷地頭代興範と佐羅別宮雑掌貞清との間で相論が確認できるが、(7) その関係史料によると、【史料一】の後も郷内の佐羅別宮御供田の位置が問題になったようである。そこでは貞清が【史料一】（嘉元二年。「評定事書」）に続けて、嘉元四年の「牛島下知状」を利用しており、佐羅別宮はこの御供田を口実に「得橋惣郷」内佐羅村を「押領」したとある。

続いて元亨元年（一三二一）には、白山社の本拠があった加賀国山内荘（現小松市南部・白山市旧石川郡内）の地頭吉谷五郎子息虎犬丸も、同じく佐羅別宮神主と号して佐羅村へ「乱入」した。(8) なお、得橋郷にはその後も「白山神人」らの入部が問題になったようであるが、(9) このような白山社の動きについては後述したい。

【史料二】後醍醐天皇綸旨案（南禅寺文書）

南禅寺領加賀国得橋郷牛嶋村地頭職、為寺領可令知行給者、依天気執達如件、

建武二年五月廿五日　左中将（中院具光）　在判

夢窓（礎石）上人禅室

そして、【史料一】より約三十年後の史料が、次の【史料二】である。先述したように牛島村には当初、地頭丹波貞高がいたようであるが、【史料二】によると建武二年（一三三五）、その牛島村地頭職が後醍醐天皇綸旨によって南禅寺領として認められたようである。(10) 恐らく、この頃の南禅寺領得橋郷には領家分とは別に地頭分と佐羅宮別宮御供田があり、特に牛島村では三方からの勢力の拮抗がみられたのではないか。

【史料三】後醍醐天皇綸旨案（南禅寺文書）

加賀国佐野村事、所被寄附南禅寺也、早可（令脱）知行給旨、依天気執達如件、

建武二年四月七日　　　　左中将（中院具光）　在判

夢窓（礎石）上人方丈

さて、【史料二】では牛島村（「得橋本郷」）の「地頭職」分が南禅寺領として認められたが、それとは別に【史料三】では同じく建武二年、佐野村（現能美市佐野町）が南禅寺へ「寄附」された。前年にはその「知行」を認めた後醍醐天皇の綸旨[11]も発給されており、ここではそれ（「得橋郷、佐羅・佐野両村、如元所被付寺家也」）を踏まえての内容になっている。

なお、中世の佐野村は当初、「得橋郷内北佐野村」や「同南佐野村」とみられ[12]、のちには（南禅寺領）佐野「庄」としても登場する[13]。また、同じ史料で佐野には荘主（禅院領等における荘園代官）[14]の拠点も設けられたとみられ[15]、本来国衙領としての性格が濃厚であった牛島村（「得橋本郷」）。地頭職も存在）とは別に、南禅寺にとって特別な村であったのが佐野村ではなかったか。すなわち、南禅寺は牛島村＝「得橋本郷」の一方、「得橋惣郷」[16]と呼ばれた佐野村や佐羅村の方へと寺領を拡大していったのである[17]。

【史料四】南禅寺寺領目録（南禅寺文書）

南禅寺領目録

遠江国　初倉庄内江富郷（付上泉村）・吉永郷・藤守郷・鮎河郷（付河尻村）、同国新所郷

加賀国　得橋郷　同郷内佐野・牛嶋村　苻南社神主職　同国笠間東保

播磨国　矢野別名　大塩庄

備中国　三成庄

但馬国　池寺庄　小佐郷

尾張国　杜庄　次当寺門前敷地等

右、所々目録如件、

応永拾季潤十月　日

また、【史料四】では、応永十年（一四〇三）の南禅寺領目録（管領畠山基国等裏封）のうちに加賀国得橋郷「佐野・牛嶋村」や符南社神主職などが確認できる。そして、これと同じ頃には閏十月二十八日付の将軍家御教書もあり、(18)そこでは「南禅寺領諸国所々」への「所停止守護使入部」も定められている。

なお、ここで郷内とともにみられる符南社は延喜式内社、加賀国総社であったこの地の有力な神社（「府南惣社」(19)とも）であり、現在の石部神社（小松市古府町）に比定される。(20)早く正平七年（一三五二）には、後村上天皇が安堵した得橋郷のうちに「府南社神主職」がみられ、(21)また延慶二年（一三六九）の内検名寄帳には「符南社祭田」、「符南社経田」なども確認される。(22)

さらに、のちの「南禅寺領目録」類にも牛島と佐野が記される。例えば、応永二十一年の同目録(23)には、得橋郷佐野村・牛島村・府南社神主職などが記載され、またそれら「所々」の公事・諸役を免除した将軍家御教書(24)も知られる。下って文亀元年（一五〇一）には、「南禅寺領所々目録」(25)のうちに「加賀国佐野・得橋・笠間東保并山家散田・府南同大友御供田等」とみられる。なお、既に嘉吉二年（一四四二）にも、同様の目録がみられたが、(26)この時には同じく加賀国倉月荘における一部もその対象としてあった。

以上、一では南禅寺領得橋郷のうち、特に「本郷」牛島村とのちまで寺領、荘主の拠点が維持された佐野村（「惣郷」のうち）について言及した。なお、本書でここまでみて来た倉月荘(27)では室町期に、摂津氏領の一方、一部に南禅寺領(28)やほか宝幢寺領(29)など複数の所領が存在した。またこの頃の同荘内には複数のより小さな集落（諸江破出、松寺・

赤浜両村など）もあらわれたが、これらと同じ状況を得橋郷でも指摘できよう。(30) すなわち、同じ頃の得橋郷では南禅寺領の一方、別の勢力もいくつか進出した。そして、この郷内でも牛島や佐野だけでなく小さな集落がほかにも確認される。二では得橋郷におけるそれらほかの集落、村についてもみていきたい。

二、得橋郷におけるその他の村々―佐羅村・今村・国衙領ほか

中世後期、得橋郷では近世村につながる小集落がいくつか登場した。例えば、一の通り牛島や佐野などの「村」が確認できる。そして、二ではその他の集落についてもみていきたい。

【史料五】足利義詮御判御教書案（南禅寺文書）

南禅寺領遠江国初倉庄内江富郷・吉永郷・鮎河郷・藤守郷、同国新所郷、加賀国得橋郷、同郷内佐野村・佐羅村・今村・符南社神主職幷得南・益延・長恒等参名、同国笠間東保、但馬国池寺庄、幡（播）磨国矢野別名、同国大塩庄、備中国三成郷等事、如建武二年四月廿二日官符者、応停止国司・守護使入部、幷官使・検非違使・院宮諸司及神人・甲乙人等乱入、造諸社以下大小国役、関東・鎮西早打役云々、任彼状不可有相違之状如件、

（モト付箋カ）「中将軍」

貞治三年十二月廿六日　　　権大納言（足利義詮）御判

（此山妙在）当寺長老

まず、【史料五】は貞治三年（一三六四）、室町将軍家足利義詮が各国各地の南禅寺領を安堵したものであり、そのなかに加賀国「得橋郷、同郷内佐野村・佐羅村・今村・符南社神主職幷得南・益延・長恒等参名」も含まれる。なお、

ここで触れられる「建武二年四月廿二日官符」[31]に任せて、その翌月に発給されたのが前掲【史料二】とみられる。

また、【史料五】の場合、下線部の最初に「得橋郷」とのみあるのは前掲【史料一】でみた得橋本郷＝牛島村のことであろうか。それに続いてここでは郷内の、ほか三つの村—佐野村・佐羅村・今村—や符南社神主職、さらに三名（ミョウ）が確認される。すなわち、一の牛島・佐野両村や符南社神主職とは別に、この史料では得橋郷内として先にあげた佐羅村や、今村・「参名」（三名）などがみられる。以下、それらの集落について考察を加えたい。

ところで、佐羅村は先学の間では位置を確定することができていない。例えば、平野外喜平氏は同村を牛島村の近辺（長野側）、現在の小杉あたりに比定した[32]。一方、正和久佳氏はそれを牛島と佐野の間、牛島村近辺の佐野側（平野氏説とは反対側）ととらえる[33]。筆者がその位置を断定することはできないが、ここでは同村にみえる名称のごく一時的（流動的）な性格を想定し、それは当該期の得橋郷に領有主体が複数存在したことと関係するかもしれない、と考える。

【史料六】後宇多法皇院宣案（南禅寺文書）

南禅寺領加賀国得橋郷加納得南・益延・長恒三名事、任徳治・延慶勅裁、早停止国衙之濫妨、可全寺家管領之由、
院宣所候也、仍執達如件、

元亨元年六月十五日　在判

見山（崇喜）上人方丈

次の【史料六】は元亨元年（一三二一）、南禅寺住持の見山崇喜へ下された院宣である。そこでは得橋郷の「加納」地である得南名・益延名・長恒名（「三名」）が南禅寺に安堵され、あわせて国衙の「濫妨」が停止された。なお、「加納」とは荘民の出作地や国衙領との入組地、公田を荘園側が荘内に取り込む手段として知られる[34]。早く徳治三年（一三〇八）

にはこれら三名が「加納」地として寄進され、[35]その翌年（延慶二年—一三〇九）には三名の「寺家管領」が保障された。[36]そして、同じく徳治三年の寄進時に、三名では「止国衙之沙汰」べしとあり、[37]その後の【史料六】でも「国衙の濫妨」が問題とされたのである。

なお、ここでは得橋郷のうち、佐野・牛島とは別に三名がそれぞれ登場するが、これらの場所はいま特定することは難しい。ただし、そのうち長恒名の位置はおよそ比定することができ、「得橋郷長恒名内荒木田内畠弐所…」[38]とある点から、得橋郷域南部（現小松市荒木田町・近世荒木田村の周辺）に当てることができよう。

ところで、元徳二年（一三三〇）と思われる後醍醐天皇の綸旨では、得橋郷内益延名・長恒名への「国衙綺」を停止した内容がみられる。その一通は国司（加賀守）へ宛てられたものであり、[39]また同じ内容（ほぼ同文）で本元元翁（南禅寺住持）に宛て発給されたもの[40]ものこされる。

さらに、三名のうちのこりの得南名は当初、府南社関係者（「府南御供田」地頭建部頼春）の所有下にあったとみられる。[41]三名は【史料六】で南禅寺領として認められたわけであるが、恐らくその後も国衙の影響は続いており、得橋郷では南禅寺領の一方、国衙の「濫妨」や「綺」が永く意識されたのでないか。[42]

【史料七】後醍醐天皇綸旨案（南禅寺文書）

加賀国得橋郷内今村〈山城弾正跡〉為南禅寺領、可令知行給之旨、天気所候也、仍執達如件、

建武二年三月廿日　　左中将（中院具光）　在判

夢窓和尚（疎石）

次に【史料七】では、建武二年（一三三五）、後醍醐天皇の綸旨[43]が南禅寺住持夢窓疎石へ下され、この時点で「得橋郷内」今村も南禅寺領へ加えられた。傍線部によると、今村は「山城弾正跡」とあるが、この「山城弾正」はもと

北条氏方の武士であったと言われる。[44]早く延慶二年（一三〇九）にも、今村は「自先年他領」とされていた。[45]なお、この今村の比定地は不明とされるが、[46]付章一ではもう少し触れていきたい。

【史料八】富樫泰高奉行人連署奉書（南禅寺文書）

（端裏書）
「文安五　今村奉書」

南禅寺雑掌申得橋郷内今村与涌泉寺堺相論事、雖令決断、為寺家被申子細候之間、重而可申下候、其間者卒爾不可被沙汰付之由候也、恐々謹言、

文安五

二月十三日　　　　弘久（花押）

　　　　　　　　　春重（花押）

山川豊前入道（仙源）殿

【史料九】南禅寺雑掌陳状案（南禅寺文書）

南禅寺雑掌支言上、

当寺領賀州今村与涌泉寺堺相論之事

一、彼今村者后（後）醍醐天皇御寄附以来、終不及是非之処、今更彼涌泉寺雑掌企奸訴、依申掠、自守護方、雖被致卒爾之成敗、依申披、則被成返奉書畢、

一、涌泉寺号支証者、及数百ヶ年、先代之紛失状云々、結句其時之目代以下私之判形歟、

一、当寺証文者、忝当家之綸旨・院宣幷代々之将軍家之御判等明鏡也、備右、争以先代之目代判形、当家之綸旨・院宣・御判等可被棄損哉、

右雖事多、所詮被任当知行之旨、厳重被成下御教書、全寺領、弥欲致御祈祷精誠者、仍粗言上如件、

宝徳弐年九月　日

下って文安五年（一四四八）の【史料八】では、同じく今村と、隣の軽海郷における在地寺院涌泉寺との境相論について記される。そして、これは一旦「決断」しつつも「寺家」（南禅寺か）が納得せず、重ねて「申し下す」ため、それまではあえて「沙汰し付け」ぬようにと、加賀守護富樫泰高から守護代山川仙源へ指示があった。

そして、二年後の宝徳二年（一四五〇）には、涌泉寺雑掌が守護方に「奸訴を企」てた一方、南禅寺側の陳状【史料九】が提出された。そこでの南禅寺側の主張によると、この今村は永く当寺領として認められて来たが、今回涌泉寺が訴訟を起こして、些細な「支証」を以て我々の知行を妨げようとした、とある。

ところで、これらの史料にみえる涌泉寺は白山中宮八院のひとつであり[47]、先述した通り同地は軽海郷内（のち遊泉寺村。現小松市遊泉寺町）にあった。一方、ここでの係争地である今村の位置は不明であるが、【史料八】などより、涌泉寺と隣接していたことがうかがえる。そして、その涌泉寺との位置関係などを考慮すると、今村はのちの埴田村（現小松市埴田町）の地につながるかもしれない。どちらにせよ、これ以降の地名に「今村」と確認することはできない。中世後期に、各地域では近世以降につながる多くの「村」が登場したが[48]、得橋郷内でも周辺の勢力や環境のもと様々な「村」があらわれたのではないか。そのなかで、先述した「佐羅村」と同様に「今村」もごく一時的・流動的な名称であったかもしれない。

なお、涌泉寺は南北朝内乱期まで白山中宮八院として、軽海郷のなかで有力な在地寺院であった[49]。当初の中宮八院は加賀国衙と延暦寺（白山の「天台化」）双方の力を借りて有力になったが、同内乱で南朝方に付いた八院は衰退し、逆にその末寺クラスであった那谷寺（北朝方。白山三ヶ寺のひとつ。醍醐寺金剛院流へ）が一帯で有力になったよう

である。[50] ただし、【史料八・九】は同内乱期以降のものであるが、得橋郷への那谷寺の影響自体は史料上確認できない。その点、詳細は今後の課題である。

そのほか得橋郷域[51]からつながる近世村についてもう少し触れておくと、佐々木村は有力名主の屋敷を核に展開した村であったとも言われる。[52] また、(上・下)八里村は特定できないが、「弥里介」という史料記載[53]・存在をみると、国衙領からのつながりを想定できるかもしれない。さらに、河田村(現小松市河田町)・小野村(現同小野町)・古浜村(現同古府町)・国府村(現同古府町ほか)の地は史料上確認することはできないが、これらも位置的に国衙との関係が強く想定できるのではないか。

以上、二では引き続き、得橋郷における「村」々の様相を考察した。すなわち、ここでは牛島・佐野両村に加えて、佐羅村や今村といった存在、「加納」地である三名、その他の「村」々として佐々木村や国衙との関係が想定される集落に言及した。そして、各村をめぐっては南禅寺だけではなく、ほかいくつかの領有主体がかかわって、それぞれの世界をつくっていた。

おわりに

最後に付章一で考察した得橋郷について内容をまとめ、あわせて今後の課題をおさえておきたい。

まず、得橋郷関係の史料としては、現在その大半が『南禅寺文書』・同寺関係文書である。しかし、ここでみた通り、同郷の領有主体やそれに類似した勢力は南禅寺以外にもあり、例えば国衙や佐羅別宮・白山社、守護・地頭・武家勢力などがそれに該当しよう。にもかかわらず、従来では得橋郷を南禅寺領として、『南禅寺文書』からの視線だけで

【表】得橋郷の「村」と領主

村落・集落名	備考
牛島村	安定した南禅寺領か(得橋本郷)。ただし、一部に地頭分、佐羅別宮分ありか。
佐野村	安定した南禅寺領か。荘主の拠点あり。
佐羅村	佐羅別宮の「押領」、「乱入」あり。
今村	「山城弾正跡」。涌泉寺と相論あり。
三名(参名)	別符。国衙の「濫妨」あり。うち長恒名内が荒木田村へ。
佐々木村	中心に有力名主の屋敷地ありか。

とらえがちだったのではないか。

得橋郷には『南禅寺文書』に多くあらわれる牛島・佐野周辺だけではなく、国府周辺の区域（そのなかに【史料四・五】の府南社もあり）や、さらに「今村」など別の勢力に接触したより外部の区域もあった。そもそも加賀国府とごく近接した得橋郷の立地のことも踏まえると、同郷に関して「国衙の濫妨」（前掲【史料六】）、もしくは「地頭代…押領」（【史料一】）などとばかりは言えないと考えられる。

そして、得橋郷に牛島村と佐野村以外の集落・村落もあったということは、これまで同郷のイメージをつくって来た両村とは別に、ほかの村落像も描ける可能性があるということであろう。むしろ得橋郷のうち南禅寺領として定着していたのは「得橋本郷」と呼ばれた牛島村の一部と、のちに荘主の拠点がうかがえる佐野村くらいであったかもしれない。

例えば、【史料五】の佐羅村へは白山社が関与しており、符南社の周辺や加納分の三名には国衙・守護の接触も大きかったであろう。ここでみたほぼ『南禅寺文書』の世界だけからでも、得橋郷には様々な「村」・区域があった。そして、それら全ての「村」々のすがたを踏まえなければ、当該期の得橋郷の社会を正確に描くことは難しい。

このように得橋郷では十四世紀以降、複数の勢力がかかわり、郷内にはいくつかの集落が登場した。右の【表】にまとめた通りである。ただし、同郷におけるそれら複数の世界をみる上で、現時点ではのこされた課題が多く、今後もその追究は続けたい。(54)また、このような得橋郷における状況（複数の領有主体・小集落）自体は、先述した通り中世後期の各荘園に広く共通した傾向と言えるが、当該期の荘園には単一のイメージで理解されたままのものがまだ多くある。中世後期荘園の具体的なすがた、中近世村落が移行する様相を正確にとらえるために、今後も各地・各事例に着目した考察が必要である。

【註】

（1）平野外喜平「得橋郷の領有をめぐって」（『寺井町史』第一巻・第四章第二節、一九九二年）、平野「延慶二年　南禅寺領得橋郷の現地比定について（その一）」（『加南地方史研究』三九、一九九二年）、平野「延慶二年　南禅寺領得橋郷の現地比定について（その二）」（『加南地方史研究』四〇、一九九三年）、『牛島の歴史』第三〜五章（一九九六年。平野ほか）、小西洋子「得橋郷の世界」（『新修小松市史』資料編四、第二編第三章、二〇〇二年）、室山孝「能美平野の荘園」（『新修小松市史第一〇巻図説こまつの歴史』中世五、二〇一〇年）。

（2）正安四年十一月二十二日鎌倉幕府執権連署書状（南禅寺文書）、『吉続記』乾元元年十二月二十日、乾元元年十二月二十一日亀山法皇院宣（南禅寺文書）。なお、本章で引用した得橋郷関係の史料は全て『新修小松市史』資料編四（第二編第三章）により、あわせて『加能史料』も参照した。

（3）『南禅寺慈聖院文書』は『尊経閣古文書纂』のうち、四八点からなる。橋本義彦「前田家所蔵文書」（『国史大辞典』第一三巻、吉川弘文館、一九九二年）。

（4）註1平野「得橋郷の領有をめぐって」、『牛島の歴史』第四章。

（5）『白山之記』（白山比咩神社所蔵）（『新修小松市史』資料編四・第一編第三章）。宮田登校注「白山之記」（『日本思想大系二〇寺社縁起』岩波書店、一九七五年）。

（6）『日本歴史地名大系一七　石川県の地名』（平凡社、一九九一年）。
（7）徳治三年五月二日六波羅下知状（南禅寺慈聖院文書）。なお、同史料では嘉元二年時、牛島村の地頭に丹波掃部助貞高が登場し、同代として乗賢がみえる。
（8）元亨元年四月十日六波羅御教書（南禅寺慈聖院文書）、元亨元年五月十八日六波羅御教書（南禅寺文書。二点）。なお、吉谷はその際に「率神主等」いたり、「語入神人等」れたとある。
（9）（元徳二年）十月二十一日後醍醐天皇綸旨（南禅寺文書）。註1『牛島の歴史』第四章。
（10）なお、建武政権・南朝のもとでの綸旨発給システム、職事・上卿（【史料三】の場合、左中将中院具光）の役割については杉山巌「綸旨にみる南朝」（高橋典幸編『戦争と平和』竹林舎、二〇一四年）を参照した。
（11）建武元年八月二十九日後醍醐天皇綸旨（南禅寺文書）。
（12）延慶二年六月二十日得橋郷幷笠間東保等内検名寄帳案（南禅寺文書）。註1平野「得橋郷の領有をめぐって」、平野外喜平「延慶二年　南禅寺領得橋郷の現地比定について（その一）」、平野「延慶二年　南禅寺領得橋郷の現地比定について（その二）」、正和久佳「「条里制」「南禅寺領加賀国得橋郷延慶二年内検名寄事」の研究」（『加南地方史研究』四八、二〇〇一年）。
（13）『蔭凉軒日録』文明十九年四月二十一日、五月十五日、延徳元年十一月四日。なお、近世にはさらに佐野村（加賀藩領。一時期は越中富山藩領）として登場する。註6『日本歴史地名大系一七　石川県の地名』。
（14）川本慎自「禅僧の荘園経営をめぐる知識形成と儒学学習」（『中世禅宗の儒学学習と科学知識』思文閣出版、二〇二一年・初出二〇〇三年）は、東福寺領備中国上原郷（現岡山県総社市）を事例に禅僧による荘園経営のあり方、知識の形成について論じている。
（15）註13『蔭凉軒日録』文明十九年四月二十一日、五月十五日。同長享二年四月十九日、九月三日。
（16）註7六波羅下知状。

(17) 註1平野「得橋郷の領有をめぐって」は、最初に南禅寺へ寄進された牛島村を「得橋本郷」、あとから寄進された佐野村・佐羅村等を「得橋惣郷」ととらえた。筆者も基本的にこの見解を支持したい。ただし、得橋郷関係史料でこれらの名称・区分（「本郷」と「惣郷」）の登場は限定的なものかもしれず、特に「得橋惣郷」にどの集落までが該当するかは保留にしておきたい。

(18) 応永十年閏十月二十八日足利義満御判御教書案（南禅寺文書）。

(19) 註5『白山之記』。

(20) 註6『日本歴史地名大系一七　石川県の地名』。

(21) 正平七年二月十七日後村上天皇綸旨（南禅寺文書）。

(22) 註12得橋郷幷笠間東保等内検名寄帳案。

(23) 応永二十一年三月日南禅寺領目録（南禅寺文書）、同年月日南禅寺領目録案（同）。

(24) 応永二十一年三月二十九日足利義持御判御教書案（南禅寺文書）。

(25) 文亀元年八月十五日南禅寺寺領目録（南禅寺文書）。

(26) 嘉吉二年十二月三日南禅寺寺領目録（南禅寺文書）。

(27) 若林陵一「摂津氏領加賀国倉月荘における領有状況の錯綜と在地社会」（『地方史研究』三三五、二〇〇八年。本書第一章）、若林「室町期・戦国期の加賀国倉月荘の「村」々と在地社会」（『加能地域史』五八、二〇一三年。本書第二章）。

(28) 応永二十四年十二月十三日摂津満親寄進状案（南禅寺文書）（『加能史料』）、文安五年十二月十五日室町将軍家御教書（同）。

(29) 康暦二年六月一日足利義満寄進状案（鹿王院文書）（『加能史料』）、応永十八年三月日宝幢寺・鹿王院両寺領等目録（同）。

(30) なお、【史料四】の通り、この頃には遠江国初倉荘（現静岡県島田市・焼津市）でも江富郷など四郷、さらに二つの村ができていた。黒田日出男「初倉荘」（『日本史大事典』第五巻、平凡社、一九九三年）。

(31) 建武二年四月二十二日太政官符（南禅寺文書）。

(32) 註1平野「得橋郷の領有をめぐって」、『牛島の歴史』第四章。
(33) 註12正和論文。
(34) 工藤敬一「加納」(『日本史大事典』第二巻、平凡社、一九九三年)。
(35) 徳治三年七月十九日後宇多法皇院宣(南禅寺文書)。平野外喜平「南禅寺庄領「得橋郷」二百四十年」(『古文書より見た中世寺井町地方史』一九八一年)。
(36) 延慶二年六月十日伏見上皇院宣(南禅寺文書。二点)。
(37) 徳治三年八月十七日後宇多法皇院宣(南禅寺文書)。
(38) 永仁五年二月二十二日関東下知状案(石清水菊大路家文書)(『新修小松市史』資料編四・第二編第二章)。
(39) (元徳二年カ)十月二十一日後醍醐天皇綸旨(南禅寺文書)。
(40) (元徳二年カ)十月二十一日後醍醐天皇綸旨(南禅寺文書)。
(41) 建武三年二月七日建部頼春申状案(南禅寺文書)。
(42) なお、大澤泉氏は室町期の東寺領備中国新見荘(現岡山県新見市)を事例に、室町期の国衙領との関連、在地社会における状況を論じている。大澤「備中国国衙領の支配構造と新見荘」(海老澤衷・高橋敏子編『中世荘園の環境・構造と地域社会』勉誠出版、二〇一四年)。
(43) 先述の通り、左中将中院具光は職事・蔵人頭であった。註10杉山論文を参照のこと。
(44) 註35平野論文。
(45) 註12得橋郷幷笠間東保等内検名寄帳案。
(46) 註1小西論文。
(47) 註35平野論文、註1平野「得橋郷の領有をめぐって」、森田喜久男「古代末期の内乱と南加賀」(註1『新修小松市史』資料

編四、第一編第三章。解説33）、註1小西論文、木越祐馨「加賀国衙と中宮八院」（『まいぶん講座フォーラム報告　加賀国府と中宮八院』石川県小松市教育委員会埋蔵文化財調査室、二〇〇八年）、室山孝「中世四　称名寺領軽海郷の世界」（註1『新修小松市史第一〇巻　図説こまつの歴史』）、東四柳史明「中世七　中宮八院と那谷寺の盛衰」（同書）、川畑謙二「中宮八院と加賀白山信仰」（勝山市編『白山平泉寺』吉川弘文館、二〇一七年）。註5『白山之記』、元徳二年閏六月日白山中宮八院衆徒等申状案（金沢文庫文書）（『新修小松市史』資料編四・第二編第四章）。

(48) 坂本亮太「中世「村」表記の性格と多様性」（荘園・村落史研究会編『中世村落と地域社会』（高志書院、二〇一六年）、若林陵一「惣村の社会と荘園村落」（同書）。

(49) 当該期の「村」と在地寺院のかかわりについては、中村直人「中世の地方寺院と地域」（註48荘園・村落史研究会編著）の摂津国勝尾寺（現大阪府箕面市）、小倉英樹「惣有田考」（同書）の紀伊国相賀荘柏原村・西光寺（現和歌山県橋本市）の事例などを参照した。

(50) 註47木越論文、東四柳論文。

(51) 註1室山論文。

(52) 垣内光次郎「遺跡は語る　得橋郷の中世村落」（註1『新修小松市史』資料編四、第二編第三章）。

(53) 註12得橋郷幷笠間東保等内検名寄帳案。註1平野「延慶二年　南禅寺領得橋郷の現地比定について（その二）」。

(54) 特に、史料のほとんどが南禅寺関係文書であることは残存史料の現状によるが、今後は新たな史料・視点の発見にも努めたい。

第三章　倉月荘の「村」と本願寺勢力・一向一揆

はじめに

加賀国倉月荘は鎌倉後期より幕府御家人摂津氏の所領として知られている。(1) 中世後期の荘園では、現代社会の町・集落につながるようなより小規模な村（「村」）が登場する。(2) その点は同荘でも共通しており、(3) 青崎・近岡・直江・大河縁・南新保・諸江破出（のち割出）・諸江・安江・（中）大浦・木越・千田・松寺・磯部・奥など以降につながる村があらわれる。本章で取り上げる分を含め倉月荘内にあたる現在の地形図は、随時次頁の【図】を参照していただきたい。

さて、十五・六世紀の加賀国では本願寺勢力、一向一揆の動きが活発になる。文明年間（一四六九～八七）の前半には木越光徳寺・吉藤専光寺などの「大坊主」と呼ばれる有力寺院があらわれ、(4) 後半になると、二俣（若松）本泉寺・波佐谷松岡寺・山田光教寺からなる「賀州三ヵ寺」が力を持った。また、この頃には郡・組の組織も成り立ち、(5) 続けて長享・永正などの一揆を経る。さらに、大永五年（一五二五）に本願寺第九世宗主実如が没した後、享禄錯乱（享禄四年・一五三一）で賀州三ヶ寺が没落し、代わって藤島超勝寺（現福井市）・和田本覚寺（現吉田郡永平寺町）・内衆下間氏が台頭、天文（一五三二～五五）前期へと至る。(6)

一方、同じ頃の倉月荘における社会はそのなかどのように推移したであろうか。その点に関してはこれまで、早くに橋本秀一郎氏が名主職補任状・土地証文の分析や同荘と本願寺勢力とのかかわりについて論じた。(7) しかし、橋本氏

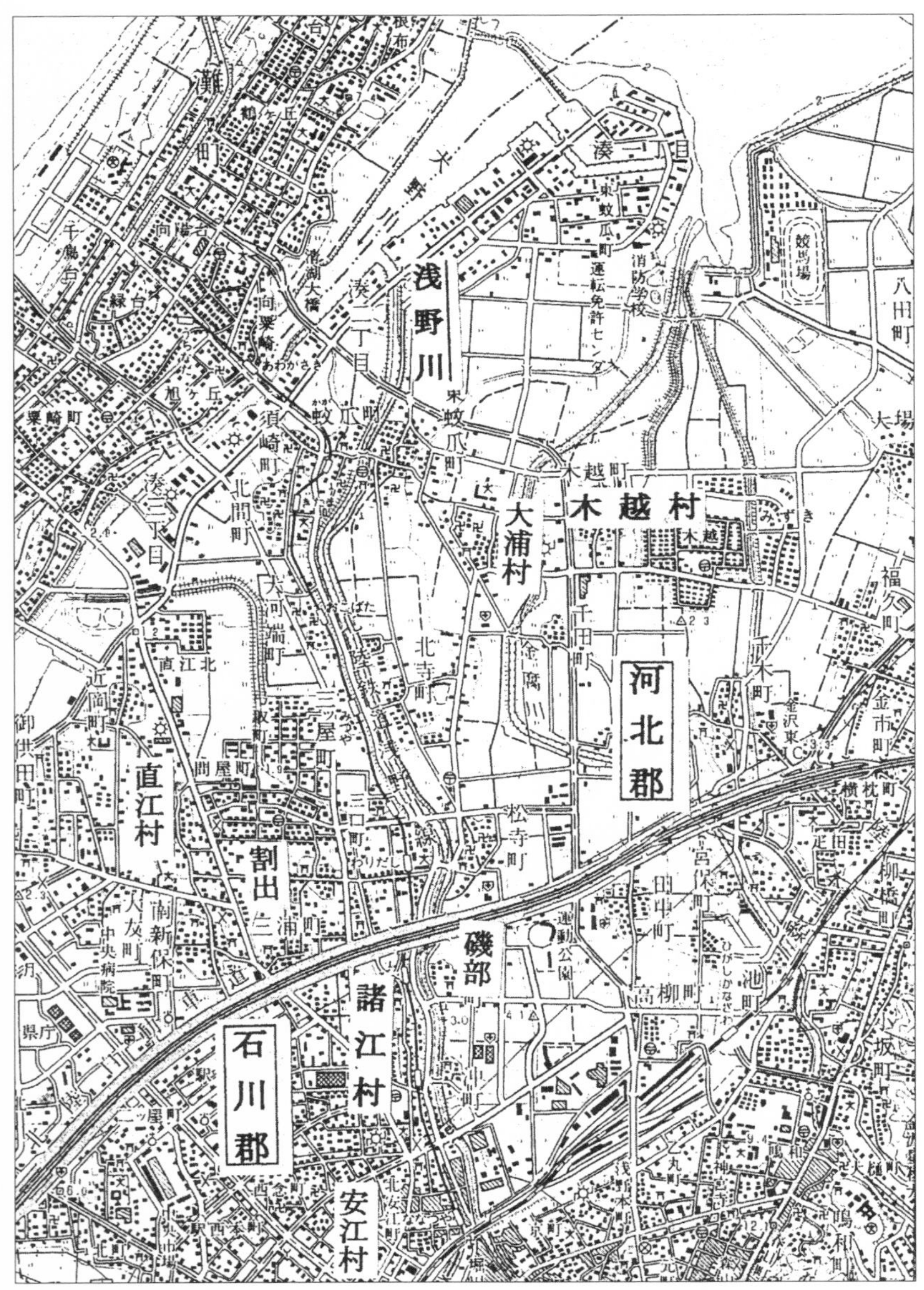

【図】倉月荘内地形図

論文では同荘の概要をとらえながら、それらが必ずしも各「村」に関連付けて説明されず、典拠史料もいまだ不十分であった。そして、その後の研究でも同荘は通史のなかで部分的に触れられたり、自治体史・辞書類での解説に止まって来た。(8) そこで本章では、先にあげた天文前期頃までの時期を対象に倉月荘と本願寺勢力・一向一揆のかかわりについて、特に関係史料が多くのこされたいくつかの「村」を中心に考察していく。(9)

一、倉月荘諸江村・諸江坊と『勝授寺文書』

十五・六世紀頃の諸江村（現金沢市諸江町）は、倉月荘内でも本願寺勢力の影響が強かった所として知られるが、早くには摂津親秀領知分「倉月庄内下近岡・南新保・諸江村・松寺村」のひとつとして確認される。(10) また、この地に所在した諸江坊は文明十三年（一四八一）頃、本願寺第八世宗主蓮如の妹如祐（越前西光寺永存妻栃川尼公）の隠居場として子息西光寺蓮実が創建したものであり、(11) 諸江村の有力百姓らが門徒として同坊へ田畠や屋敷を寄進・売却した。ここでは諸江坊の関係史料として『勝授寺文書』を取り上げたい。(12) 同文書群は約百五十点からなり、うち慶長年間（一五九六～一六一五）までのものが四十一点、その多くは「加賀諸江坊関係」のもので占められる。後述する通り、のちに同門徒から超勝寺へ田地を持参した者が続き、それに関係する相論文書も多く確認される。(13)

また、勝授寺（現坂井市三国町）の前身は大町専修寺であり、同寺は住持興予の代に諸江坊賢了（興予弟）の子息を猶子に迎えた。それが戦国期に鉢伏城に籠もって織田信長軍と合戦したことで有名な専修寺賢会である。(14) さらに、同賢会の戦死後に子の唯賢は諸江へと落ち延びるが、じきに諸江坊ともども越中五箇山（現南砺市）・越前中野村（現大野市）を経て、天正十七年（一五八九）に現在の三国へと移動した。

では、まず『勝授寺文書』のうち先述した「加賀諸江坊関係」のもの、土地証文を一点みておこう。

【史料一】覚善等屋敷寄進状（勝授寺文書）

永代奇（寄）進申屋敷之事

合壱所者あり（在）坪ハ公文名之内ほう／ちやうの屋敷にこれあり（在之）、

右件之屋敷者、御坊之御聖人様へ、御仏供ノ田地ニ永代奇進申処実正也、然者毎年御年貢者九斗可参候、此上ニ
号我等か子々と、兎角煩申輩候ハヽ、可為盗人候、仍為後日永代之奇進状如件、

覚善（花押）

文明十五年十月十七日

三郎太郎（略押）

奇進主諸江村之住人

【史料一】は文明十五年、「諸江村の住人」である覚善・三郎太郎から「御坊」、すなわち諸江坊へなされた屋敷寄進状である。このように以降も、諸江村住人から諸江坊への田畠・屋敷の寄進・売却が繰り返され、『勝授寺文書』には同様の証文が複数のこされた。(15)

次の史料もその一点である。

【史料二】四郎五郎田地売券（勝授寺文書）

永代売渡申公文名内別相田之事

合壱段者在坪ハ御畠之くろのミち四まい（枚）／せまち（畝町）壱段これなり（也）、本文一通／あいそへ（相副）候てうり（売）申候、

右件田地者、依有要用、代之銭拾貫文仁、永代売渡申処実正也、但此於田地ニ候て、我らか相伝にて候上ハ、末

代ニ及候て、子々孫々として違乱煩申輩出来候て、菟角申候ハヽ、惣同名、又公方之御沙汰号盗賊者、堅可有御成敗候ハんニ、全其時壱言之子細不可申者也、仍為後日売券之状如件、

左近子

永正弐年拾弐月十五日　　四良五良（略押）

売主倉月庄下わりたし（割出）之住人

【史料二】は永正二年（一五〇五）、「倉月庄下割出の住人」[16]四郎五郎から同じく諸江坊へ田地を売却したもので、それに「惣同名、又公方の御沙汰」が保証している。当時の本願寺は加賀守護に代わる「加賀国主」であったと評価されるが[17]、「公方」とはそのような本願寺勢力の公としての性格を表したものであろう。

そして、ここで「公方」と並んで【史料二】の内容を保証している「惣同名」がまさしく倉月荘下割出住人らのこの頃のあり方とみられる。長谷川裕子氏は、近江国甲賀郡における「同名中」を軸に「村」の自検断から、さらに郡中惣のもと展開された一個の地域権力による検断のあり方を指摘するが[18]、ここで「公方」と並び記された「惣同名」も似た集団と想定されよう。

ところで、割出（現割出町ほか）には応永二十四年（一四一七）、摂津満親が南禅寺老僧寮哀勝軒へ「諸江破出・山口破出」両所を寄進した事例や[19]、下って本願寺蓮如に帰依した松任城主鏑木繁常（徳善）へ「割出ノ下屋敷」が認められた事例などが知られる[20]。そして、【史料二】からは諸江坊が影響を及ぼした近くの村として、この割出（破出）の存在もあげられるのではないか。

なお、『勝授寺文書』等にはほかに諸江村の隣磯部（現磯部町）の事例（磯部聖安寺・磯部衆）もいくつか確認される[21]。倉月荘のあたりでもこの頃には「庄」とは別の次元で、「村」々が行き来していたのである。

【史料三】　浄正屋敷売券（勝授寺文書）

永代売渡申公文名之屋敷之事

合四百本者此内公方へ百七十文（本カ）参候、／毎年之年貢四百文御坊へ／参候、若無沙汰仕候ハヽ、めさる（可被召）へく候、

右彼之屋敷者、（此内ニたうちやう之道在之、）依有要用、代銭四貫参百文ニ、弐百参十本を本巻一通相副、永代売渡申処実正也、然上者我々為子々孫々違乱煩申輩候ハヽ、為公方・同名、堅盗人之御罪科可有者也、其時全一言之子細申間敷候、仍為後日永代売券之状如件、

（異筆）「諸江惣村（黒印）」

永正拾六年正月十日　　浄正（略押）

売主

倉月之庄諸江村之住人

さらに、【史料三】は永正十六年、「倉月庄諸江村の住人」による屋敷売券であり、そのなかではこれも「公方・同名」や「諸江惣村」が保証を加えている。「諸江惣村」の方は異筆とみられ、黒印が押された時期も含めて不明な点はのこされるが、ここでは諸江「村」単独のあり方として重視したい。

なお、薗部寿樹氏が同じ頃を対象に、各地村落文書にみえる惣判・惣印の成立過程、その背景や村落集団内外の要因について論じている。[22]特に、それが外部から公認されたこの頃の「村」の立場を誇示するものと指摘しており、その点は諸江村の実態を考える上でも参照したい。

また、近江国では惣村の事例が多く知られ、筆者も奥嶋荘・津田荘で複数の「惣」や「惣庄」が成立した状況を取り上げたことがある。[23]各村は鎮守などを基盤に一個の交渉主体として外部諸勢力と接触したが、それらの点は「諸江

惣村」とも共通しよう。

ただし、諸江村には『大嶋奥津嶋神社文書』(24)（奥嶋荘奥嶋・津田荘北津田）などのような鎮守にのこされた共有文書はなく、在地寺院にのこされた性格が強い『勝授寺文書』はむしろ『長命寺文書』（津田荘中庄の長命寺は荘園領主延暦寺西塔院の末寺・在地寺院）と共通するかもしれない。(25)その上で、先にみて来た本願寺勢力とのかかわり方などは加賀国諸江村・周辺地域の特色と評価できる。

ところで、文明頃から倉月荘のなかでも単独で行動して来た諸江村には「公方・同名」の保証を付したり、自ら「惣」を名乗るなどの行為がみられたが、それらは在地の主体性を示すものと考えられる。後述する加賀国金津「惣庄」と十ヶ村や、同大野「惣庄」と「新たな地域的連合」の形成(26)といった近隣の事例とも今後は比較が必要であろう。

【史料四】幸道兵衛屋敷売券（勝授寺文書）

（端裏書）
「　　　　　　同行衆へ
かう(幸)道之たうたう之屋敷之うりけん(売券)」

永代売渡申屋敷之事

合壱所者やくハのそき(役)(除)／申候、

右件之屋敷者、依有要用、代銭八貫文仁、同行衆売渡申処実正也、但別相たる上者、万雑公事・臨時天役有敷(間脱)候、万一我らか子々孫々而、違乱煩申輩出来候ハヽ、公方・地下而、堅御成敗可有者也、其時全一言之子細申間敷候、仍為後日永代売券状如件、

　　　　　　　　　　　　かうたう
享禄三年十二月廿二日　　兵衛（略押）

売主諸江村住人

次に【史料四】は享禄三年（一五三〇）、「諸江村住人」幸道兵衛による屋敷売券である。ここで売却先に当たる同行衆とは浄土真宗などで同じ集団や講の仲間を指し[27]、実質は先の「諸江惣村」と同じ諸江における「地下」集団のことと考えられる[28]。

また、【史料四】では「公方・地下として、堅く御成敗有るべ」きことが付されている。それに対して、先の【史料二・三】では「公方・同名」によって保証がされていた。ただし、これらの保証主体としては公方の一方（セットとして）、時期的に同名から地下へと変化したものではなく、例えば【史料四】と同年月にのこされた「かうとう（幸道）之もろ（室ヵ）之うりけん（売券）[29]」や享禄五年の乗泉田地寄進状[30]などでも「公方・同名」とあり、これらは並行して表現されたようである。筆者はこれらを、ともに公・在地双方という程の意味にとらえておきたい。

そして、【史料四】の翌享禄四年には「はじめに」で触れた享禄錯乱が起き、新たに超勝寺や本覚寺・下間氏らが力を持つ。その上で次に史料を二点掲げたい。

【史料五】下間光頼書状（勝授寺文書）

諸江村幸道兵衛・同与七郎父子事、諸江殿為御門徒之処、其身近年致厭却、結句同行衆引語之、共以令不参、剰従彼御門徒中寄進田地幷御買得分等恣押領云々、事実候由、言語道断次第、被曲事思召訖、所詮於彼両人已下者、如先々致帰参、至田地者、悉可返渡于諸江殿者也、随而年々無謂納執之彼貢米分、遂算用、同可令返納之、猶以右所犯者、正慶・彦左衛門尉・三郎左衛門尉・彦右衛門尉主張之由、為他之手次所行企、以外不可然者哉、此等之条々急度可被申付之由、与（組）・郡へ被仰出候、可有存知候由候也、恐々謹言、

（天文七年）六月十三日　（下間光頼）心勝（花押）

倉月庄衆中

【史料六】諸江茂継書状（勝授寺文書）

諸江殿様御道場へ、門徒衆よりきしん（寄進）の田地之事、我等各越照（超勝）寺殿様へめされ（召）候而、則彼田地も越照寺様へ御まかなひ（賄）、又ハたうちやう（道場）のしゆり（修理）以下ニ仕候処ニ、只今諸江殿様菟（兎）角被仰候、一段迷惑此御事ニ候、然者越照寺殿様へ御届をなされ、其うゑ（上）を以、御ちやう（掟）次第ニ身体之儀可相働候、於我等ニいさゝ□（かカ）如在なき御事候、恐惶謹言、

諸江与七郎
茂継（花押）

（天文七年）五月三日

（下間光頼）丹後殿様まいる

【史料五】では天文七年（一五三八）、下間心勝（光頼）から「倉月庄衆中」へ書状が出された。そこでは諸江村幸道兵衛・与七郎父子の事があげられ、彼らは本来諸江殿門徒であったがともに不参するようになり、また諸江坊へ寄進した田地や買得分を「押領」した。けしからぬ、返却せよとある。[31]

一方、【史料六】はその前月であろう、諸江与七郎茂継から下間光頼へ宛てられた書状である。そこでは【史料五】の父子の行動がより具体的に説明されたとみられる。すなわち、与七郎茂継らは一旦諸江坊へ寄進した田地を改めて超勝寺へ持ち込み、[32]それに対して「諸江殿様兎角仰せられ候」ことに迷惑している。

また、【史料五】の差出人、かつ【史料六】の宛所となっている下間氏は先述した通り、この頃有力になった本願寺の内衆であり、ここでは同寺側から在地との間を仲介する役割を期待された。[33]そして、「諸江村住人」である幸道兵衛・与七郎がここで諸江殿の一方で超勝寺や下間氏とも接触していることは、同住人らが独自に動く諸江村におけ

る当該期の実態を示していよう。

以上、一では倉月荘のうち本願寺勢力とのかかわりが強くみられる諸江村に特に注目した。同村では諸江坊という真宗の寺坊が設置され、またそこには関係文書がまとめて集積された（現在は『勝授寺文書』へ）。そして、同坊を軸に倉月荘の内外では諸江村住人ら、ほか割出（破出）や磯部など周辺の「村」・集落を含めひとつの勢力圏が独自にできていたと指摘できる。

二、倉月荘木越村と木越光徳寺・河北郡

当該期の倉月荘内で本願寺と関係を有した「村」としては、もうひとつ木越村（現金沢市木越・木越町）の存在が知られる。二では続けて同村の様相をみることで、倉月荘における本願寺勢力の動向について別の面からも考察したい。

木越村は、こちらも早く摂津親秀が一族らへ譲与した所領のうちに、嫡女子分「倉月庄内木越村」や「穢土寺領分」木越村として確認される。(34) そして、応永二十三年（一四一六）には、後述するように「木越・岩方両村」へ公卿中山家から雑色が派遣された。(35)

また、木越村にあった木越山光徳寺（現七尾市馬出町へ移転）は浄土真宗本願寺派の在地寺院であり、文永十一年（一二七四）に富樫仏誓の孫宗性を開基として創建された。(36) そして、同寺が十五世紀頃に、吉藤専光寺（もと大野荘内）とともに大坊主として存在したことは先述した通りである。

文安六年（一四四九）には真宗の教意を宗祖親鸞が記したとされる『三帖和讃』(37) や次にあげる『安心決定鈔』（【史料七】）、同じく宝徳三年（一四五一）には真宗の根本教典とされる『教行信証』(38)、長禄二年（一四五八）にはその注

釈書（存覚著）である『六要鈔』(39)が、それぞれ本願寺存如（第七世宗主）や蓮如（同第八世）から木越光徳寺性乗へ与えられた。(40) さらに、文明三年（一四七一）には親鸞の伝記を絵巻にした『親鸞絵伝』(41)も蓮如から乗賢へと与えられた。

【史料七】『安心決定鈔』識語（奈良県岸部武則氏所蔵）

右斯聖教者、賀州木越光徳寺之性乗在京之際、依所望令漸筆処也、

于時文安六歳六月三日、終写功訖、

釈蓮如（本願寺）（花押）

【史料七】はそれらのうち浄土真宗の宗学書とも言われる『安心決定鈔』の識語（文安六年）であるが、傍線部にある通り、光徳寺性乗が在京した際に書写しようとした。同書や先述したその他の仏典は、当時光徳寺があった在地にとっては「宝物」だったはずである。(42) 同寺はその供給元である京都に通じる窓口のような存在でもあったのではないか。

また、先述した通り、光徳寺などの大坊主にかわり、文明後半（〜一四八七）になると加州三ヶ寺が有力になる。一方、光徳寺（＝大坊主）はより在地に密着した寺院として、次のような場にも登場した。

【史料八】本願寺実如書状（光徳寺文書）

為志銀子三枚到来、遠路懇志之程、難有覚候、就其当流の安心の趣といふハ、更に余の方へこゝろ（心）をふらす（振）、唯もろ／＼（諸々）の雑行雑善の心をふりすて（振捨）ゝ、一心一向に弥陀に帰命し奉る人々ハ、皆悉極楽に往生すへき事、努々疑あるまし（有間敷）く候、此にハ仏恩報謝のため（為）に、念仏可申計ニ而候、此通り各々細々談合尤ニ候、穴賢々々、

卯月朔日　実如（本願寺）（花押）

加州河北郡

八田
大浦
千木
木越
光徳寺
廿八日講中

（モト封紙ウハ書）
「加州河北郡四村
光徳寺　　実如
廿八日講中　　」

【史料八】は年未詳であるが、大永四年（一五二四）頃の本願寺実如書状とみられる。[43] 本願寺に「志として銀子三枚到来」したことのお礼や、[44] 今後も変わらずに精進するよう実如から八田村（現金沢市八田町）・（中）大浦村（現大浦町）・千木村（現千木・千木町）・木越村へと出された。そして、ここでの木越なども倉月「庄」の枠組を越えた「河北郡四村」としてともに木越光徳寺で廿八日講を営んでいたようである。[45]

さらにその後、大永五年二月には実如が亡くなり、本願寺宗主は孫証如（本願寺第十世）に継がれた。[46] そして、先述した享禄錯乱（享禄四年・一五三一）による賀州三ヶ寺の後退や超勝寺（実賢）の台頭が続くが、倉月荘に関してはその頃のものとして次の史料などがみられる。

【史料九】中山康親名主職補任状案（松雲公採集遺編類纂）
〈享禄元、／御下向以後、〉御袖判

補任　木越村孫□郎半名事

名主職〈光徳寺内茶々、〉

右於彼名職者(主脱カ)、如先規御年貢米銭・御服以下諸役、無懈怠可有其沙汰者也、仍補任状如件、

享禄弐祀年二月四日　　雅善(大口)　判

御礼物五百疋分也、但依御侘言四百疋進納、申次両人二十疋宛、

【史料九】は享禄二年、藤原北家花山院流の公卿中山家（中山康親。大口雅善は同家の家司）より「光徳寺内茶々」に木越村の名主職が補任されたものである。

ところで、倉月荘内には早くに「中山前中納言（親雅）恩給地」が確認されたが[47]、それも具体的に木越村あたりを対象としたかもしれない。先述した通り応永三十三年（一四二六）、中山定親が雑色を派遣した先に「木越・岩方両村」（岩方村は現木越町・千田町・松寺町付近か）があったことも知られる[48]。なお、【史料九】によると、同康親は前年には現地に下向（「享禄元、御下向」）していたようである[49]。

【史料十】中山康親名主職補任状案（松雲公採集遺編類纂）

御袖判

補任　木越村案主名三分二□(之カ)事

名主職〈号光琳寺／慶祐、〉

右於彼名職者(主脱カ)、如先規御年貢米銭・御服以下諸役、無懈怠可有其沙汰者也、仍補任状如件、

享禄竦年五月十三日　　雅善判

大口加賀守

また、倉月荘は本来、摂津氏領であったが、この頃には荘内で領有主体が複数みられ、[50]摂津氏のほかに中山家や先述した南禅寺、さらに宝幢寺などの所領も確認された。[51]そのなか光徳寺は在地寺院として、これらとは別の次元で「村」々と接触していたようである。そして、翌享禄三年（庚寅）には【史料十】の通り、光琳寺も木越村案主名の名主職に補任された。この頃の木越村には光徳・光琳両寺と光専寺を合わせた「三光」と呼ばれる有力な真宗在地寺院が存在した。[52]

【史料十一】『天文日記』[53]

①（天文五年四月）

廿四日、

従加州河北郡五番半、金津之庄彼庄之事、如前々木越光徳寺ニ申付候ニ付而、為礼物中より三百疋到来候、

②（天文六年十二月）

十九日、（略）

一、従加州金津庄、以両使幷一書、彼庄無躰ニ木越光徳寺加成敗候、迷惑由申候、

③（天文六年十二月）

廿二日、（略）

一、（返事サセ申候、）今旦従賀茂社僧・社家、金津庄事、光徳寺号此方之儀乱入事迷惑候、急度申付可為祝著之由、以一筆申候、

（略）

ところで、光徳寺の影響は木越や周辺におさまるものではなかった。その様子を右の【史料十一】でみてみたい。『天文日記』は先述した本願寺証如による日記であり、天文五年（一五三六）一月から同二十三年八月までのものがのこ

される。[54]【史料十一】は、そのうち光徳寺に関する記事を三点（①〜③）抜粋したものである。

ここでは賀茂別雷神社領金津荘（現かほく市鉢伏ほか）[55]に関して、いくつか記される。すなわち、本願寺がこれまで通り光徳寺へ「申付」けた件で、①では河北郡五番組（半）によって「礼として惣中より三百疋到来」したと報告があった。河北郡五番組は一向一揆にみえる土豪・門徒らの集団であり、[56]それが金津荘を含む河北郡の在地社会に一定の影響力を有した。そして、【史料十一】の場合も、「惣中」と光徳寺の間で「申付」が必要なことがあったのであろう。

一方、②や③によると、光徳寺は金津荘に対して「無躰二」（強引に）成敗を加え、当方の儀であると号して「乱入」したことを賀茂社側が「迷惑」であると訴えた。このように本願寺勢力が進出したことに対して、在地で活動している住人ら（「惣中」）と荘園領主賀茂社はそれぞれに行動したようであるが、双方の志向が異なる場合もあったと指摘できる。あわせて次の史料をみておきたい。

【史料十二】某書下案（八坂神社文書）

祇園社領加州苅野之事、為秋納遣使者候処、光徳寺押妨之儀承引之条、（ママ）不可然候、国中為順次之成敗上者、如先々諸納所等可致其沙汰候、尚以令難渋候者、堅可罪科処候者也、仍状如件、

延徳弐

八月十七日

苅野百性（姓）中

金津荘の隣に位置した祇園社領苅野（かるがの。村・保。[57]現かほく市狩鹿野）でも同様にこの頃、光徳寺の進出が確かめられるが、[58]【史料十二】によると、延徳二年（一四九〇）に苅野百姓中はその進出（「光徳寺押妨の儀」）を受

け入れたとして、「然るべからず」と祇園社側より責められている。そして、このような状況―本願寺勢力・荘園領主・在地住人らによる認識（志向）のずれ―は、光徳寺が拠点としていた木越村と荘園領主摂津氏・中山家などとの間でもあり得たのではないか。

以上、二では倉月荘のうち木越村と木越光徳寺の事例を取り上げた。特に光徳寺は木越村に存在した在地寺院（大坊主）であったが、さらに隣の（中）大浦村や河北郡内の他村（「河北郡四村」や金津荘・苅野など）へも影響した。そして、そこでは「村」々における住人・百姓らと荘園領主、本願寺勢力との間に認識（志向）のずれさえあったことも指摘した。

おわりに

本章では加賀国倉月荘における本願寺勢力の動向に関して、主に荘内の諸江村や木越村の事例を中心に考察して来た。特に一では、諸江村と諸江坊の動向を『勝授寺文書』から抽出し、同地域（諸江村と周辺）における本願寺勢力の動き、そのひとつの「村」社会のあり方をとらえた。

二では、それとは別に木越村について、本願寺派在地寺院木越光徳寺とのかかわりや中山家による領有・支配などをみた。また、このあたりでは光徳寺の活動・影響が、倉月荘内だけではなく河北郡の他村にまで範囲を広げ、その接触の場を設けていたことも注目される。

なお、本章では倉月荘のうち先の二村に着目した一方、例えば先述した『天文日記』などに登場するほかの「村」・集落（磯部や安江村・直江村・中大浦村など）(59)にはほとんど触れることができなかった。特にそのうち安江村の地は同じ頃、南禅寺瑞雲庵領安江荘[60]や近衛家領安江保[61]としても確認できる。倉月荘をめぐって複数の領主・所領が並存する様相は第一章・二章や本章の事例でもうかがえたが、安江村（石川郡）やその他の「村」を含めた同荘における領有状況、在地社会の様相については次章でさらに考察を加えたい。

ところで、これまで荘園を舞台に本願寺勢力、一向一揆の動きをみる際、それは単一の荘園、一通りの村落のみが対象となっていたのではないか。しかし、倉月荘の地では荘園全域対本願寺勢力という図式ではなく、例えば諸江村や木越村など「村」、もしくは周辺の地域ごとにそれぞれ別々の世界が展開していた。

それが、この頃各地で顕著になっていた「村」と本願寺勢力との関係、一向一揆が展開した社会の実態、さらに「庄」とは別に立ち現れて来た「村」々の様相であったと考えられる。今後は、一律のイメージに収まりかねなかった当該期の「村」社会、それらを含むより広域な社会の理解を他地域の事例とあわせて深めていきたい。

【註】

（1）若林陵一「摂津氏領加賀国倉月荘における領有状況の錯綜と在地社会」（『地方史研究』三三五、二〇〇八年。本書第一章）。木下聡「摂津氏」（『室町幕府の外様衆と奉公衆』同成社、二〇一八年。一部初出二〇一〇年）。

（2）若林陵一「惣村の社会と荘園村落」（荘園・村落史研究会編『中世村落と地域社会』高志書院、二〇一六年）。榎原雅治「地域社会における「村」の位置」（『日本中世地域社会の構造』校倉書房、二〇〇〇年・初出一九九八年）、蔵持重裕『中世村落の形成と村社会』（吉川弘文館、二〇〇七年）。

（3）註1拙稿（本書第一章）、若林陵一「室町期・戦国期の加賀国倉月荘の「村」々と在地社会」（『加能地域史』五八、二〇一三年。本書第二章）。

（4）浅香年木「一向一揆の展開と加賀国大野庄」（『中世北陸の社会と信仰』法政大学出版局、一九八八年・初出一九八一年）、木越祐聲「大坊主の登場と長享の一揆」(『金沢市史』通史編一、第三編第三章第一節一、二〇〇四年)、木越「本泉寺蓮悟と一揆衆」(同書、第三編第三章第一節三)。

(5)木越祐馨「文明・長享期の加賀における「郡」について」(『講座　蓮如』第一巻、平凡社、一九九六年)、神田千里「加賀一向一揆と一向宗」(『一向一揆と戦国社会』吉川弘文館、一九九八年)、竹間芳明「加賀北二郡の結集と一揆」(『北陸の戦国時代と一揆』高志書院、二〇一二年・初出二〇〇二年)、金龍静「加賀一向一揆の形成過程」(『一向一揆論』吉川弘文館、二〇〇四年・初出一九七六年改訂)。

(6)木越祐聲「一揆衆の主役交替」(註4『金沢市史』通史編一、第三編第三章第一節四)、神田千里『戦争の日本史一四　一向一揆と石山合戦』(吉川弘文館、二〇〇七年)。

(7)橋本秀一郎「加賀国倉月庄について」(『石川県歴史研究』二、一九六一年)。

(8)『日本歴史地名大系一七　石川県の地名』(平凡社、一九九一年。「倉月庄」の項)、註4『金沢市史』通史編一。

(9)それ以降、倉月荘関係の史料は激減する。本章では基本的に倉月荘と一向一揆の問題を考える上で、この頃までを対象にするのが適当と判断した。

(10)建武四年八月十四日足利尊氏御判御教書(池田氏収集文書)〔註4『金沢市史』通史編一掲載写真(四二一頁)〕。なお、本章で引用する史料は多く『加能史料』によったが(倉月荘関係史料は本書序章巻末の【表】参照)、一部(随時註記)は別の刊本・写真等を併用した。

(11)註7橋本論文、『福井県史』資料編四(一九八四年。「勝授寺文書　解題」)、『福井県文書館資料目録』第一集(古文書一・資料群、二〇〇四年。「勝授寺文書」の項)、室山孝「在国する公家たち」(註4『金沢市史』通史編一、第三編第三章第一節五)。

(12)『勝授寺文書』は『福井県史』資料編四や福井県文書館所蔵写真を併用した。なお、同文書群に関して、柳沢芙美子氏(福井県文書館)と角明浩氏(坂井市みくに龍翔館)よりご教示いただくことがあった。

(13) 註11『福井県史』資料編四、『福井県文書館資料目録』第一集。
(14)『勝授寺文書』には、諸江殿宛の専修寺賢会書状が一四通含まれる。それらの内容は、鉢伏山陣中からの対織田軍戦況報告などである。
(15) 本章で引用する史料のほかに延徳四年三月二十一日りんかう庵そしん畠地売券写（勝授寺文書）、永正四年一月二十一日彦左衛門畠地寄進状（同）などが知られる。
(16) 以前一時期までこの部分は「下わりたし」と翻刻されていなかったが、本章では写真を確認した上で『加能史料』戦国五（二〇〇六年）の解釈に従いたい。
(17) 神田千里「室町幕府と本願寺」（『一向一揆と戦国社会』吉川弘文館、一九九八年）、註6神田論著。文明十七年九月二十一日室町幕府奉行人連署奉書（美吉文書）、明応九年十一月十三日室町幕府奉行人連署奉書（同）。
(18) 長谷川裕子「惣国一揆権力の紛争裁定」（『戦国期の地域権力と惣国一揆』岩田書院、二〇一六年・初出二〇〇二年）。
(19) 応永二十四年十二月十三日摂津満親寄進状案（南禅寺文書）。嘉吉二年十二月三日南禅寺寺領目録（同）、文安五年十二月十五日室町将軍家御教書（同）。
(20)（文明七年）『徳了袖日記』（金沢市浄行寺所蔵）。註8『日本歴史地名大系一七　石川県の地名』（「割出村」の項）。
(21) 九月二十日下間正秀書状写（勝授寺文書）。ほか『勝授寺文書』には、倉月荘外の疋田村（現疋田町）住人による天文十七年十二月十日五郎左衛門等田地売券写などものこされる。
(22) 薗部寿樹「村落文書の惣判・惣印」（『日本中世村落文書の研究』小さ子社、二〇一八年・初出一九九九年）、薗部「惣判・惣印の形成とその意義」（同書・初出二〇〇一年）。
(23) 註2拙稿。
(24)『大嶋奥津嶋神社文書』は『大嶋神社・奥津嶋神社文書』（滋賀大学経済学部附属史料館）により、あわせて東京大学史料編纂所影写本・滋賀大学経済学部附属史料館原本・同写真帳を利用した。

(25) 例えば、『長命寺文書』には土地証文類や算用状などとともに、延暦寺西塔院や守護佐々木六角氏の発給文書などが、同じく『勝授寺文書』でも本願寺との間で往復したであろう文書がまとまってのこされる。一方、『大嶋奥津嶋神社文書』などの村落文書にも領主が発給した文書は含まれるが、その数量は自ずと限られる。なお、『長命寺文書』は『長命寺古文書等調査報告書』(滋賀県教育委員会)により、あわせて東京大学史料編纂所影写本・写真帳を利用した。

(26) 註4浅香論文。

(27) 『日本国語大辞典　第二版』第九巻(小学館、二〇〇一年。「どうぎょうしゅ」)。

(28) 『加能史料』戦国八(二〇一〇年)では本史料・当該箇所に「諸江坊」とルビが振られている。

(29) 享禄三年十二月幸道兵衛もろ売券(勝授寺文書)。

(30) 享禄五年九月五日乗泉田地寄進状(勝授寺文書)。

(31) 同日付でもう一通、「御寺領押領」の件を「諸江殿人々御中」へ述べた(天文七年)六月十三日下間光頼書状(勝授寺文書)ものこされる。

(32) 天文七年七月二日諸江茂継誓状案(勝授寺文書)。

(33) 註6木越論文。

(34) 暦応四年八月七日摂津親秀譲状(美吉文書)。

(35) 『薩戒記』応永三十三年九月三日。なお、註7橋本論文も木越村や中山家による領有については言及した。

(36) 註8『日本歴史地名大系一七　石川県の地名』(「光徳寺」の項)、註4木越「大坊主の登場と長享の一揆」。

(37) 文安六年五月二十八日『三帖和讃』(京都市西本願寺所蔵)。『金沢市史』資料編一・解説(一九九八年)、今泉淑夫編『日本仏教史辞典』(吉川弘文館、一九九九年)。

(38) 宝徳三年八月十六日『教行信証』(京都市西本願寺所蔵)。
(39) 長禄二年七月二十八日『六要鈔』識語(京都市興正寺所蔵)。
(40) 註4木越「大坊主の登場と長享の一揆」。
(41) 文明三年六月二十五日『親鸞絵伝』裏書(珠洲市西光寺所蔵)。
(42) 本願寺実如から木越光徳寺祐円に与えられた文亀元年四月二十八日方便法身尊像裏書(福井市坂本幸雄氏所蔵)なども同様に理解できよう。なお、川端泰幸「村落寺社と百姓・領主」(『日本中世の地域社会と一揆』法蔵館、二〇〇八年・初出二〇〇三年)は在地寺社が村落に果たした機能を「信仰という聖なる領域」と「財産保護という俗的な領域」の両面で評価するが、在地における「宝物」とはそのうち前者とかかわろう。
(43) 【史料八】はその年代比定(大永四年頃)を含め、『金沢市史』資料編二(二〇〇一年)を参照した。
(44) 同じく『光徳寺文書』には、早くに二月三日本願寺蓮如書状で「弐百疋請取」の礼が述べられることもあった。
(45) 註4木越「本泉寺蓮悟と一揆衆」、註3拙稿「室町期・戦国期の加賀国倉月荘の「村」々と在地社会」(本書第二章)。
(46) 註6木越論文。
(47) 至徳四年六月十五日管領斯波義将施行状(美吉文書)。
(48) 註35『薩戒記』。
(49) その件は『御湯殿上日記』(享禄元年九月二日条)など古記録類にも記事がうかがえる。註11室山論文によると、康親は永正十四年三月から翌年十月までにも加賀国へ下向した。また、中山家では同宣親も明応七年(一四九八)九月頃など数回にわたって加賀国に在国した。
(50) 註11室山論文、註1拙稿(本書第一章)。
(51) 註47管領斯波義将施行状、文明十年五月二十八日足利義政御判御教書(鹿王院文書)。さらに、一でみた諸江村では当時、西芳寺（摂津氏菩提寺）領もあった。『天文日記』天文五年十月十二日。

(52) 註4木越「本泉寺蓮悟と一揆衆」。

(53) 『天文日記』には記主証如のメモ書や、「△▽」「＼／」などの記号・符号、挿入符・抹消符などが付されているが、ここでは記号・符号を省略して掲載した。林譲「『天文日記』の記号覚書」（東四柳史明編『地域社会の文化と史料』同成社、二〇一七年）。

(54) 神田千里「室町幕府と本願寺」（『一向一揆と戦国社会』吉川弘文館、一九九八年）、草野顕之「解題」（『大系真宗史料　天文日記一』法藏館、二〇一五年）。

(55) 註8『日本歴史地名大系一七　石川県の地名』（「金津庄」の項）、浅香年木「加賀国」（『講座日本荘園史』六、吉川弘文館、一九九三年）、川戸貴史「加賀国金津荘の荘家一揆と一向一揆」（『ヒストリア』二〇七、二〇〇七年）、寺口学「戦国期加賀国金津荘の荘経営と在地構造」（『加能史料研究』二三、二〇一七年）。

(56) 本願寺門徒の組織として登場する河北郡の一番組から五番組までについては、註43『金沢市史』資料編二・第二章概説（宇野日出生）、註4木越「本泉寺蓮悟と一揆衆」を参照した。

(57) 苅野は「祇園社領当知行分…萱野保」や「英田保内祇園社領萱野保」などと表記されることもあった。享徳四年七月二十一日祇園社領当知行分目録写（『祇園社記』雑纂二）、寛正二年九月五日富樫泰高奉行人連署奉書写（同御神領部一四）。

(58) 光徳寺が苅野に進出した事例としては【史料十二】のほか、室町幕府奉行人奉書写（八坂神社文書）、『天文日記』天文五年九月十二日などがあげられる。また、早く文明十三年には、大坊主中などにも祇園社領苅野村における「違乱」が停止された。文明十三年十一月九日室町幕府奉行人連署奉書（八坂神社文書）。

(59) 『天文日記』天文五年十月二十二日、天文十三年十月二十二日。

(60) 『天文日記』天文五年閏十月六日。

(61) 『天文日記』天文六年十一月四日、天文七年九月十六日・十七日。

第四章　倉月荘の境界周辺荘園と「村」

はじめに

筆者はこれまで加賀国倉月荘などを事例に室町期荘園の領有状況、諸勢力の動向から各「村」の成り立ちについて考察を加えて来た。(1)同荘には青崎・近岡・直江・大河縁・南新保・諸江破出・諸江・安江・中大浦・木越・松寺・千田・磯部・奥などの集落がみられ、それら「村」のすがたには多様なものが確認される。(2)しかし、倉月荘に関する従来の研究(3)では、同荘が当該期社会を論じる上での舞台とされることはありながら、そこにおける個々の「村」にまで言及されることはあまりなかった。

また、倉月荘には当時、境を接するいくつかの荘園が存在した。それは大野荘、小坂荘、安江地域（安江荘・安江保）などであり、後述する通り各荘に関してはそれぞれ先行研究が知られる。本章ではそれらの成果にもならいつつ、一方で従来の研究では不足していた倉月荘と各荘の境界付近に位置した「村」々のすがたを追究したい。

これまでは各「庄」の歴史を単一で取り上げることはありながら、それらが同時並行的にみられることはほとんどなかった。本章では複数の「庄」や「村」を同時にとらえ、倉月荘と隣接する他荘や両荘境の「村」について考察したい。それによって当該期の「村」々、社会の様子がより具体的にイメージできるのではないか。

一、大野荘の「村」々と倉月荘青崎村

一ではまず、倉月荘の北西に接する大野荘に着目する。ここでは倉月荘と大野荘が接するあたりを、あわせて【図一・二】で確認していただきたい。さて、大野荘は(4)現在の金沢市大野町を遺称地に、犀川・大野川の河口部周辺と下流域平野部のあたりを荘域とした。当初は得蔵荘（醍醐寺領）と富永御厨もなかに存在したが、のち消滅した。そして、大野荘内には大野・無量寺・宇祢田（畝田）・観音堂・藤江・示野・赤土・安原（東西）・得蔵・吉藤・寸次郎・黒田・保後・太郎田・西条・野老塚・今江・秋近・井田などの村・新保・名（みょう）が確認され、(5)また荘園政所はそのうち赤土村宮腰に、惣鎮守としては佐那武社（現大野湊神社・寺中町）の存在が知られる。

さらに、大野荘の領家職は大宮院・昭慶門院・世良親王を経て、元徳二年（一三三〇）に臨川寺に寄進された。(6)一方、地頭職は鎌倉末期に得宗家が掌握し、(7)同家による日本海海運支配の一拠点とされたとみられる。(8)

【史料一】足立厳阿書状案（臨川寺文書）(9)

遷代御代官足立三郎左衛門入道厳阿方へ、自大野庄堺様被尋遣書状返事、

倉月庄与大野庄河・海堺之間事、川者限青崎橋、海者限青塚、自大野庄

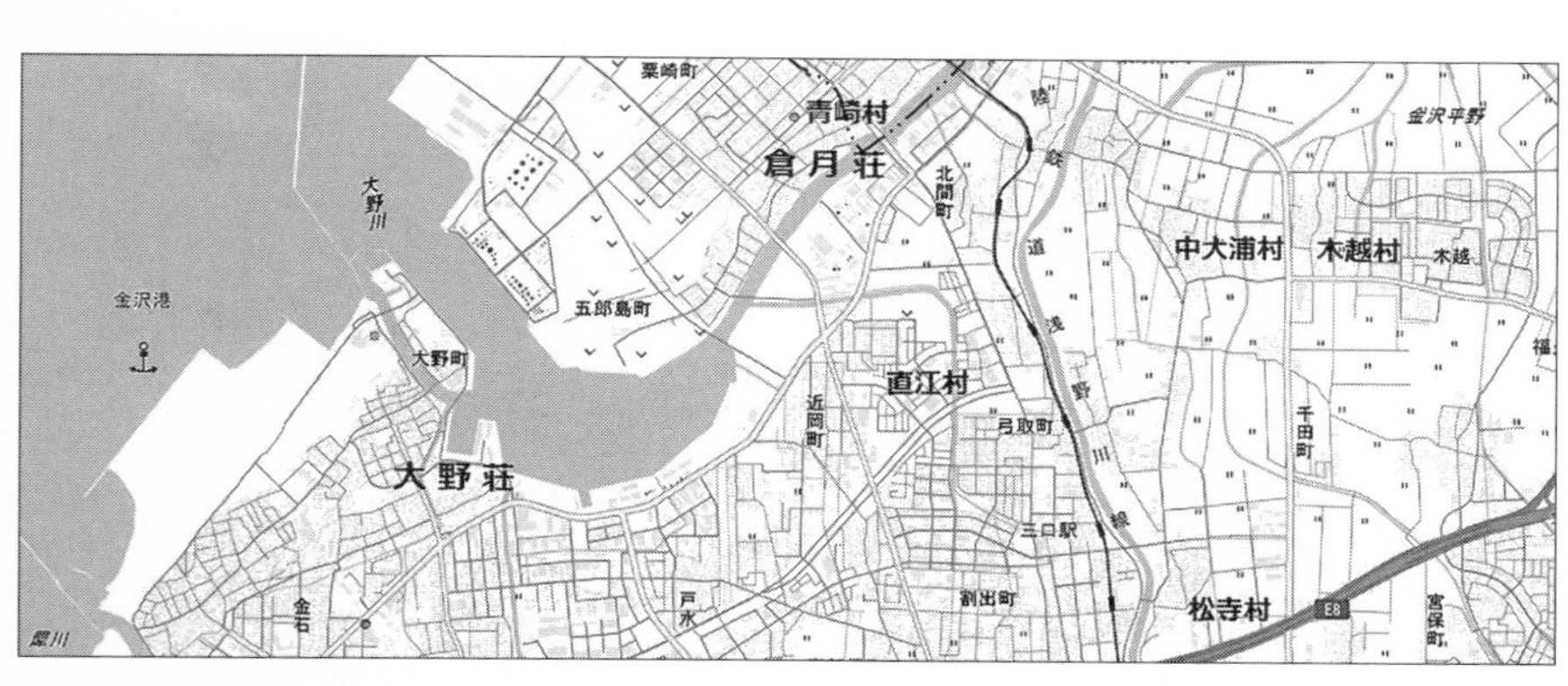

【図1】倉月荘青崎村～松寺村と大野荘

【図2】倉月荘・大野荘の村々と「安江」地域

進退候条、知行之時無相違候、此間之事、委細旨令申御使候了、恐々謹言、

康永二年　　十一月廿六日　沙弥厳阿　在判

謹上　大野庄政所殿

御返報

まず、【史料二】は、康永二年（一三四三）に史料の冒頭にある通り大野荘「遷代」代官足立三郎左衛門入道厳阿から大野荘の政所へ送られた書状（「返事」）である。ここでは大野荘と倉月荘の「河・海堺」のことについて記載され、特に両荘の境として河（川）は青崎（粟崎）橋（青崎村。【図二】参照）より、海は青塚の地点より大野荘の進退であると述べられる。[10] このように当初から両荘の間では河海「堺の様」が問題とされていた。

なお、下線部にある「遷代」の代官とは前代の代官のことか、遷替（任期制）の代官のことかは確定できないが、どちらにせよ、鎌倉期の各地荘園では領家職の一方地頭職が存在したが、大野荘でも北条得宗家がそれを世襲していた。そして、それ以前に勤めた代官厳阿に「大野庄より堺の様尋」ねることがあった。そのことは、在地社会のなかでこそ育まれた両荘の境界を意味したのではないか。

【史料二】 大野荘雑掌目安状案（臨川寺文書）

目安

臨川寺領加賀国大野庄与同国倉月庄相論塩海幷湖等堺事

副進

一通、得宗領之時、在国代官足立三郎左衛門入道厳阿自筆状今者故人、

右為得宗領知行以来、塩海者限青塚之、湖者限青崎橋下、為大野庄内、于今知行無相違、次彼両所堺事、摂津刑部大輔入道道準（親鑒）為倉月庄領主之時、依彼在国代官姦訴、度々於関東雖致其沙汰、終不被付倉月庄、将又摂津掃部頭親秀存日之間、任往古例曽以不申子細也、爰為臨川寺領後者、固殺生禁断畢、然則任往代之道理、預御裁許、而尽未来際、且停止大罪業、且成就大善根者、天下安全御祈祷何事如之哉、仍目安之状如件、

さて、次の【史料二】には年次記載がないが、副進文書として前掲【史料一】（康永二年。「在国代官足立三郎左衛門入道厳阿自筆状」）が付けられ、同「得宗領として知行」時（前代）より塩海は青塚、湖は青崎橋下（ともに【史料一】同様）を境に北側は大野荘内と認められたようである。

なお、【史料一】よりのち貞和二年（一三四六）にも両荘をめぐる塩海・湖の境界が問題とされ、そこでも倉月荘の荘域は「不覃塩海迄」（塩海に迄及ばず）と確認されることがあった。[11] そして、青塚の正確な位置は特定できないが、[12] どちらにせよ海岸の側が倉月荘にはついに認められなかった、ということになろう。

ところで、臨川寺は大野荘領家職を獲得ののち、建武三年（一三三七）には同地頭方も獲得し、[13] 大野荘における一円支配を実現するようになった。しかし、室町期の臨川寺は長く守護や白山社神人による「違乱」、山門諸関における年貢抑留、[14]「荘家の一揆」の反復などに苦労させられた。さらに、戦国期の一向一揆が盛んな時期には、荘内でも

吉藤専光寺などの本願寺派大坊主が集まり、また「惣庄」の自主管理下で巨額の「無沙汰」が蓄積され、臨川寺の支配は有名無実化したようである。

そして、ここでは次に大野荘におけるいくつかの「村」のすがたをとらえ、そこでも倉月荘との比較ができる素材をみいだしたい。まずは示野村（現示野町。【図二】参照）に着目しよう。

【史料三】円楽寺中鏘等連署証状（臨川寺文書）

加賀国大野庄内示野村一王丸名之事、足渓西堂円楽寺住持時、限十个年自当住買得候、其重書拾参通、嵯峨之三会院文庫ニ被預置申事実正也、十个年之後相尋候処ニ、臨川寺三会院文庫之内ニ不見出候、依然三会院主幷長老・寺官等加判形而紛失状到来候、即本主方へ渡申候、以此状所充行一王丸名重書之代也、可為永代之証文亀鑑者也、後日若有持此重書而号本主輩（者脱カ）、為公方被所（処）盗賊罪科者也、仍為後証悉（執）達如件、

応永三十三年丙午六月十三日

沙汰人久重（花押）

庄主祥越（花押）

円楽寺住持中鏘（花押）

なお、【史料三】にみえる大野荘のうち示野村一王丸名名主職のことについては、応永三十一年（一四二四）の史料から確認することができる。[15] そこでは大野荘宮腰住人俊慶が同名主職を二年後に永代売り渡すことを約束した。しかし、当年（応永三十三年）に売買によって「三会院文庫」にあったはずの一王丸名の重書証文が行方不明と分かり、その紛失状の一方で【史料三】が発給された。また、【史料三】の場合、沙汰人・荘主と臨川寺三会院末寺円楽寺住持の署名がみられる。

ところで、この宮腰（後述赤土村のうち）は大野荘の中心であったと言われ、(16)そのうち「半分」ずつが領家方と地頭方とに宛てられたことも知られる。(17)そして、永享七年（一四三五）には同じく宮腰住人が一王丸名名主職を売却し、(18)続けて示野村住人の請文も出された。(19)また、円楽寺は荘園領主臨川寺の末寺・在地寺院であり、これも宮腰に所在したようである。(20)

【史料四】彦左衛門茂重寄進状（臨川寺文書）

（端書）「寄進状一王丸」

奉寄進、加賀国臨川寺御領大野庄示野村之内一王丸名幷赤土村之内中九郎名之散畠等之事、

合弐名者但為心休禅門追薦也、／年忌五月四日、安牌地蔵殿、

右件之名者、得分毎年二名之分船斗之定拾斛、重書幷作人之請文等相添、寄進申処也、仍為後証寄進状如件、

彦左衛門

永亨（享）九年五月七日　茂重（花押）

寄進　加賀国大野湊住

永享九年（一四三七）、大野湊住人の彦左衛門茂重が示野村一王丸名と同荘赤土村中九郎名の畠地等得分を心休禅門追善のために寄進した。ここでも大野荘のうち示野村や赤土村（現赤土町）が登場するが、特に赤土村のなかには前掲【史料三】でみた宮腰（大野荘の中心地）が含まれる。

また、十五世紀半ば過ぎには、加賀国では一向一揆・本願寺勢力の多大な影響がみられ、(21)大野荘内にも次の通り吉藤専光寺の存在などが知られる。なお、同様の流れは小坂荘や安江地域でもそれぞれ確認できるが、その点は後述する。

【史料五】親鸞絵伝裏書（金沢市専光寺所蔵）

釈蓮如（花押）

文明三歳辛卯九月四日

加州石河郡大野庄

吉藤専光寺常住物也、

大谷本願寺親鸞聖人縁起

文明三年（一四七一）に、本願寺第八世蓮如より吉藤専光寺へ「親鸞聖人縁起」が与えられた。そして、この吉藤（村。現専光寺町）は早く正中二年（一三二五）の田数注文に「吉藤新保」として登場した。[22] その後、永享九年に本願寺存如より『三帖和讃』[23]が、同十一年に『持名鈔』[24]や『教化集』[25]がそれぞれ与えられた。さらに、【史料五】の時期を間に挟んで、明応七年（一四九八）には親鸞・蓮如連坐像[26]も授与された。

ところで、専光寺があった吉藤村は一向一揆の「村」として、光徳寺（専光寺とともに「四頭衆」のひとつ）があった倉月荘の木越村[27]と類似していると言えよう。さらに、大野荘の場合、ほかにも観音堂村の西福寺や宮腰（赤土村）の迎西寺の存在も知られ、第三章でみた倉月荘の場合とは別に大野荘における一向一揆の展開も注目されよう。

特に浅香年木氏[28]は早く、先述した三点の大野荘年貢算用状[29]を素材に、百姓らの年貢減免闘争と一向一揆（＝「庄家の一揆」）の展開、かかわりについて論じた。これに対して筆者は大野「庄」や倉月「庄」としてのあり方以上に、やはりこの頃はそのなかの多様な「村」々の特徴を重視したい。

以上、一では倉月荘と大野荘についてみた。当初両荘が接触・相論したのは青崎（村）や青塚の地であり、ここ（のち粟崎村ほか）が両荘の接触するひとつの地点であった。また、倉月荘の一「村」＝木越村と類似した大野荘吉藤村をおさえ、それと隣接するような位置に赤土村や示野村というさらに異なったかたちの「村」があったことも確認した。

二、小坂荘の興保等と倉月荘奥村

倉月荘に対して、一でみた大野荘は石川郡（北西）側の隣荘にあたる。一方、二では河北郡（南東）側の隣荘として小坂荘に着目しよう。関係する地域・地形図として、ここでは主に【図三】を参照いただきたい。

小坂荘は河北郡の平野部南端（現金沢市小坂町が遺称地）、浅野川中流域北岸・金腐川上・中流域の低湿地帯に展開し、なかは本荘のほか興保・浅野保などで構成されたようである。そして、後述する通りそのうち興保（のち沖村）が戦国期、倉月荘内に（奥村として）移管されたとみられる。(30)

また、ここは古代に小坂郷とみられるもと国衙領の地であったが、元久元年（一二〇四）に九条家領として「小坂庄」が初見された。(31) そして、小坂荘の本家職はのち二条家に伝領されるが、鎌倉期には一時亀山法皇によって管轄された。さらに、永仁七年（一二九九）に南禅寺へ寄進され、(32) それらがのち二条家へと戻ったのであろう。次に、そのしばらくのちの時期を年次にもつ史料を一点みておきたい。

【史料六】関東下知状写（海老名文書）

海老名右衛門太郎忠国法師(興)〈法名宗心、〉与加賀国興・浅野両保雑掌信

【図3】「安江」地域から小坂荘の村々

智等相論下地以下事

右、加六波羅執進訴陳状具書等者、枝葉雖多、所詮宗心則各別知行之条、建保御下知幷領家請取状以下分明之処、預所賢証等新儀非法之余、押領下地半分幷公文職以下所職名田、剰打入地頭屋敷、致追捕刃傷之由申之、雑掌亦宗心帯建保御下知等之旨、所構申処誕(虚カ)也、当保者領家・地頭中分之条、被載仁治・建長御下知幷分帳畢、仍領家・地頭各別知行之間、相互不混乱之旨申之、爰如宗心于時在俗、進本所之目安状者、小坂庄私有中分子細歟、雖然代々依為各別知行、両保者無其儀、経百余廻之処、当禅林寺法皇(亀山)御管領之刻、寄事於惣庄中分、被割取之間、欲訴申時節、被返進御所之間、禅定殿下(二条兼基)所愁申也云云、如捧六波羅之訴状者、欲被申入本所二条禅定殿下、被行当保預所賢証等於狼藉咎事、当保者為忠国重代相伝開発領、下地幷公文職以下所職名田畠等無相違之処、賢証致新儀非法之余、押領下地半分幷公文職以下所職名田云々、爰顕然遺目之間、禅林寺法皇御神領経何箇年哉之由、於引付之座、被尋宗心于時在俗、之処、自文永年中至乾元二年云々、数十年之間何不及上訴哉之旨、被問之処、忽変先言、被尋惣庄御管領年限歟之由、令存申畢、禅林寺法皇御時者、無御押領之由返答之条、甚奸謀也、於宗心目安状者、雑掌載追進状、再三申子細之処、宗心不及異論之間、賢証押領之由申之状、眼前不実也、伺領家遷替之隙、企奸訴之条、無異儀、〈是一〉、(略)者、彼両保為中分地之条、仁治下知幷分帳・建長下知状等、分明之処、不折中之由、及奸訴之条、甚奸謀也、然則於件二箇保者、被棄置宗心濫訴、住(任カ)仁治下知状幷分帳、知行不可有相違(略)仍不及沙汰者、依鎌倉殿(守邦親王)仰下知如件、

嘉暦二年八月廿五日　相模守平朝臣(赤橋守時)(花押影)

修理大夫平朝臣(大仏維貞)

【史料六】は小坂荘に関して、嘉暦二年（一三二七）、鎌倉幕府より出された下知状である。ここでは小坂荘のうち

興保・浅野保をめぐり、幕府御家人の海老名（興）忠国（宗心）と両保雑掌信智が相論している。なお、先述の通り興保は倉月荘奥村（後掲【史料十二】。のち沖村）と同じく現沖町のあたり（一方の浅野保は現浅野本町）に比定され、ここが小坂荘と倉月荘の接触する地点と考えられる。

さて、【史料六】によると仁治四年（一二四三）、小坂荘は二条家と地頭海老名氏との間で下地中分された。結果双方には別々の認識が生まれたようであり、その八十年ほどのちに今回の事態へと至った。すなわち、宗心の訴えによると、下地中分で興保・浅野保など地頭分として認められた土地を預所らが押領・乱妨したという。そこでは両保が地頭分であるとの認識がうかがえる。

逆に二条家からは、同訴は「領家遷替之隙」に荘内の両保支配を目論んだ宗心が「謀書」を提出したものと主張された。結局これは二条家側を相手取った「姧訴」であるとの裁定から、宗心による主張は幕府法廷で却下された。その後の地頭海老名氏は鎌倉幕府の滅亡とともに没落したとみられるが、小坂荘内の地頭職としてはさらに次の史料がある。

【史料七】足利尊氏下文（仁木文書）

（足利尊氏）（花押）

下　仁木弥太郎義有

可令早領知摂津国井於新庄・越後国松山保右馬権頭義時跡、・加賀国小坂庄内大志目村〈海老名五郎左衛門尉惟則跡、〉地頭職事

右以人、為勲功之賞所充行也者、守先例可被沙汰之状如件、

建武四年卯月廿一日

海老名氏が没落してからであろう建武四年（一三三七）の【史料七】によると、「小坂庄内大志目村〈海老名五郎左衛門尉惟則跡〉」が足利尊氏の有力被官であった仁木義有へと伝領された。(33)なお、ここでは大志目村と地頭職のつながりをおさえ、さらに同村＝大衆免（だいじゅめ）村（現元町・森山・神宮寺）から後述する春日社大衆の免田地を連想しておきたい。

同じく海老名惟則跡「加賀国北郡（河北郡）興保」などの地頭職はその後、守護富樫高家へと伝わった。(34)また、暦応四年（一三四一）には太田時連が孫七郎時直へ「小坂庄参分壱」等の地頭職を譲与し、(35)一方で永和三年（一三七七）からは南禅寺による一部領有も慈聖院領の諸国荘園重書目録(36)などに確認される。

さらに、康正二年（一四五六）に、小坂荘は西方が春日社領として確認され、(37)それ以前に二条家より春日社へ小坂荘の一部（「西方」）が寄進されたことも知られる。ここではその点を次の史料からみてみたい。

【史料八】『尋尊大僧正記』(38)文明十二年二月七日・明応四年二月十一日

（文明十二年二月）七日、雨下、

一、権預祐松（辰市）来、加州小坂西方小二俣山相論事出来之間、西方年貢未到来事申入之、信証院（本願寺蓮如）方樣事仰合之了、

（略）

（明応四年二月）十一日、雨下、（略）

一、加賀国小坂庄自二条殿御寄進地也、地下違乱旨被聞召、神領違乱基不可然旨御書到来、祐梁（辰市）方ニ遣之間、今日参上、当庄三百石ト八十貫ト知行也、近来有名無実旨申、此庄京覚（洲崎慶覚）乱入、年貢共催促之、百姓等迷惑旨参申、是併祐梁代官毗（比）田所行之間、代官不可用云々、佐毗田申分ハ百姓等所行云々、両方申、只今糺明最中云々、

ところで、文明十二年（一四八〇）から、小坂荘西方では「小二俣山相論」が発生した。この相論はのちの小二又

村（現小二又町付近）あたりで起きたものとみられ、(39)そのため同荘の「西方年貢」が大乗院に到来しなかったようである。また、このとき尋尊は春日社権預辰市祐松を通して本願寺蓮如に相談していたが、その結果がはっきりしないことから、これもうまく行かなかったのではないか。

なお、大乗院門跡より実厳・尋実父子がこの頃「小坂殿」として下向し、春日社領小坂荘の現地支配に関与したようである。(40)さらに、永享十年（一四三八）には上意に反発した大乗院大僧正経覚が、「小坂殿」と号したという尋実とともに「加賀国隠居」することもあった。(41)

一方、明応四年（一四九五）、春日社権預辰市祐梁から尋尊へ報告があった。すなわち、二条家から寄進された同荘西方は現在、「地下違乱」のため知行が有名無実化している。そして、その年貢の滞納は土豪洲崎慶覚による乱入のためとも、代官佐比田の「所行」によるとも言われるが、結局百姓らは代官の罷免を要求し、佐比田は逆に「百姓等所行」を主張したため、現在は双方の言い分を糾明中なのだという。

その結果であろう。二条家側は翌年に祐梁の下向を停止し、雑掌更迭の意思を表明する。一方、小坂荘の現地では番頭らの殺害事件が発生し（「号二条殿仰、彼庄番頭共打死之」(42)）、さらに佐比田・神人らも殺害されて「惣而十一人被害」という事態になった。(43)これは、当時の小坂荘をめぐる二条家と春日社との確執によるものであり、そこには一向一揆の展開も関係したとみられる。また、この頃、「賀州一向宗長」ともされた(44)土豪洲崎慶覚が小坂荘内に「乱入」していたことも、一連の背景としてあったであろう。

【史料九】『守光公記』永正十二年五月(45)

二日戊、時々雨下、行賢（清原業賢）来、此間令申伝燈寺綸旨事、［　］申状相付之候間、則以局令披露候処、勅許候也、則向頭弁（甘露寺伊長）許、令申子細畢、即綸旨被書遣行賢云々、

（略）

賀州伝燈寺事、勅願寺望申候由、内々存知者申上候、可然様預り申沙汰候者、於私可畏存候旨、可得御意候、

恐惶謹言、

（永正十二年）卯月廿八日　（摂津）政親判

（守光）広橋殿参

人々御中

ところで、小坂荘の場合、倉月荘との関連でもう一点史料が知られる。すなわち、永正十二年（一五一五）に小坂荘における傳燈寺を勅願寺に認定する綸旨が発給された。(46)そして、そのなかで倉月荘の領主摂津政親も同寺の動向を援助しようとした様子（四月二十八日政親書状写。同寺の「勅願寺望み申し候由、内々に存知せば申し上げ候」が【史料九】（傍線部）からはうかがえる。(47)

傳燈寺（現伝燈寺町）は臨済宗妙心寺派の在地寺院であり、二条家はこの「御家門御寺」後援のため、隣荘領主かつ幕府御家人であった摂津氏に依頼したのであろう。なお、小坂荘のうち現在、伝燈寺町と隣接する御所町もその地名から二条家との関連が想定される。すなわち、この頃の小坂荘は「西方」の春日社と東方の二条家で二分され、勢力が拮抗していたのではないか。

以上、二では倉月荘の南東側に隣接する小坂荘を取り上げ、そのうち興保と奥村（のち沖村）や、傳燈寺・二条家と摂津氏のかかわり、両「庄」と狭間の各「村」々の様相を考察した。

なお、その後の小坂荘に大乗院僧「小坂殿」（「西方」春日社領）や二条尹房の下向が確認されたのと同様、倉月荘でも領主中山家の下向が知られる。(48)そして、このような当該期における「貴種」の下向が在地側からの欲求でもあっ

たことは和泉国日根荘（現大阪府泉佐野市）・九条政基の事例などにあらわれる。(49) その点を意識して、最後に次の史料に触れておこう。

【史料十】『大館常興日記』天文八年七月五日五日、天吉、

一、飯尾大和守(堯連)来入、二条殿(尹房)雑掌言上、家領加州小坂庄幷浅野保事、当知行之処、名主百姓年貢難渋候間、御下知申請度之云々、申状・請文、其外大永四年御下知正文也、等出帯、仍申之間、則御内談衆へ以折紙申談之、成御下知分也、(細川高久)豆州・(摂津元造)摂州へ事書無別儀也、其外八瀬ニ祗候之間、折紙可持進之也、

天文八年（一五三九）、前関白二条尹房が家領小坂荘・浅野保の知行保証（「名主百姓年貢難渋し候」の一方）を幕府へ要請しようと（「御下知を申し請い度」）、内談衆に相談した。なお、この史料（日記記事）は室町幕府内談衆の大舘尚氏が末期における幕府周辺の動向を記録し、(50) そのなかに二条家領の保証問題もみられたものである。

そして、この頃まで二条家領の小坂荘と浅野保ではそれぞれ知行が維持され、一方興保は三でみる【史料十一】には倉月荘内「奥村」として登場する。なお、これに先立って天文四年に、本願寺は二条殿からの「御所望」を拒否したことも知られる。(51)

三、安江荘・安江保と倉月荘安江村

次に、三では三つの系統の「安江」が付く所領に着目し、ここでも倉月荘と一部重なり合う隣接した地域を取り上げたい。なお、関係する同地域の図面として前掲【図二・三】を改めて参照していただきたい。

さて、三つの「安江」には現在の金沢市安江町・北安江町や旧南安江町など、(52) 小立野台地の北端から浅野川中流左

岸にかけてが該当する。この「安江」としては、早くに花山院家領の「安江庄内本庄山前・桜田村」が確認される。[53]そのうち山前の比定地は不明であるが、[54]桜田村は現桜田町に比定される。ただし、これ以降は同家領や同地の事例はみられず、恐らく花山院家領としては早くに消滅、安江荘域は縮小もしくはやや東方へ移動したのではないか。[55]

また、このあたりでは南禅寺領安江荘や近衛家領安江保の存在（安江荘・安江保については後述）が知られ、のちには摂津氏領倉月荘内安江村も確認できる。ここではまず、そのうち倉月荘安江村の史料から掲げよう。

【史料十一】『天文日記』天文五年十月

廿二日、（略）

一、摂津守（摂津元造）知行「奉公衆」（ママ）倉月庄内安江村・奥村・粟（青）崎村・直江村・中大浦村、以上五个所也、此在所へ可然様に中付てと被申候、成奉書、

この『天文日記』は本願寺第十世証如が記主であり、天文五年（一五三六）一月から同二十三年八月までに書かれたものがのこされる。[56]【史料十一】によると、同五年に倉月荘内の五ヶ所（摂津氏知行分）が安堵され、そこには安江村・奥村・粟崎（青崎）村・直江村・中大浦村（【図一・二】参照）の名前が確認される。なお、この史料には「在所へ然るべき様に申し付てと」の奉書がみられるが、これは本願寺へ下された（摂津氏に与えられた）幕府奉書があったことをうかがわせるのではないか。

また、ここでは倉月荘内五ヶ所のうち安江村が、後述する安江荘や安江保との接点であったと言える。なお、倉月荘奥村は同じく小坂荘興保との接点、青崎村は対大野荘の場（接点）としてこれらもそれぞれ先に登場した。ここでは倉月「庄」におけるこうした三つの舞台を含む五ヶ所（＝「村」）の存在、この頃の倉月荘のあり方をおさえておこう。[57]

【史料十二】『蔭凉軒日録』長禄二年八月・十二月

(八月)四日、（略）南禅徳雲院内宝諸軒不知行、加賀国和気保金剛寺村内甕与三入道跡、嘉吉元年十月金剛院(寺)押領、同国安江庄内安江八郎左衛門入道跡、康正二年九月摂津守(摂津之親)押領、納所良意・住持宗称白之、於各自寺奉行即命之、院主為礼被参、

（略）

(十二月)廿日、（略）持地院(ママ)加賀国倉月庄摂津掃部頭(之親)渡残之事、徳雲院内宝諸軒(領脱カ)加賀国安江庄内・倉月庄摂津頭不渡之事、宝幢寺領倉月押妨、悉摂津頭皆違乱之事、可被仰付之由被仰出也、

次に、【史料十二】にみる『蔭凉軒日録』は五山派寺院の公務日記であり、(58)それによると長禄二年（一四五八）、南禅寺徳雲院宝諸軒領安江荘の知行分を倉月荘の摂津之親が「押領」したり、「渡さざる」状況があった。恐らくこのような「押領」分がのちに摂津氏領倉月荘安江村とされたのではないか。この件は康正二年（一四五六）より問題になっていたようである。なお、同じく長禄二年十二月に同之親は「宝幢寺領倉月押坊」のことでも訴えられているが、こちらは早く十一月に宝幢寺が倉月荘松寺村（【図二】参照）で「摂津守（頭。之親）違乱之事」を室町幕府へ提訴したものとみられる。(59)倉月荘のうち宝幢寺領松寺村については第一章の通りである。

【史料十三】『後法興院政家記』文明十八年八月二十四日(60)

廿四日申丙、晴、家門領加州安江保事、百姓致緩怠間、申武家、奉書今日到来、松岡(松岡寺)・二俣(本泉寺)一向衆両人可沙汰居本所代官之由、被仰付訖、

一方、文明十八年（一四八六）に、【史料十三】（『後法興院政家記』）の記主近衛政家は近衛家領安江保の百姓「緩怠」を問題に幕府へ提訴し、そのことで「一向衆両人」から本所代官へ指示するよう幕府奉書が到来したという。な

お、ここで「一向宗両人」とあるのは松岡寺蓮綱と（二俣）本泉寺蓮悟という、ともに本願寺蓮如の子息として知られる。[61]

そして、ここでは「安江」を冠するもうひとつの所領として近衛家領安江保の存在もみておこう。[62] また、これらの史料からは、当時の「安江」においては複数の領主が拮抗し、一方で百姓・集団が主体的に動いていたこと（【史料十三】の百姓「緩怠」。ほか「地下違乱」、「百姓等所行」など）を指摘したい。

【史料十四】山本円正安江保代官職請文（近衛家文書）

請申近衛殿（政家）御領加州石川郡安江保御代官職事

右御代官職事、所請申実也、然上者、御年貢毎年為請切京着、不論干・水・風損、弐拾六貫文霜月中可致皆済、万一有無沙汰之儀者、立請人申候間、藤井次郎左衛門尉方可弁進納、仍致加判候、堅可預御催促、次御年貢事、就河成不作如此減少候、若如元開田地者、可致加増、条々背請文之旨、不法懈怠儀候者、雖為何時、可有改易御代官職、其時不可申一言子細候、仍為後日御請文状如件、

山本入道

明応三年七月吉日　　円正（花押）

藤井次郎左衛門尉

吉兼（花押）

御奉行所

明応三年（一四九四）の【史料十四】によると、山本入道円正が同じく安江保の代官職（年貢の請切・京着）を請け負った。この山本は周辺一帯で勢力を持つ土豪であり、[63] 一向一揆のなか石川郡一揆の代表者の一人としても知られ

た存在である。前掲【史料十三】でみた「本所代官」の実体、その一例としておさえておこう。(64)

【史料十五】『天文日記』天文五年閏十月六日

六日、（略）

一、南禅寺瑞雲庵知行、安江庄内弘(広)岡村・小坂一分方地頭職・富積保西方五町七段・宮永郷内花継名・得蔵内壱町田・大野庄内宇祢田村・金武・安丸・末谷・友真已上拾ヶ所、此分申付てと被申候、此寺ハ佐子局宿坊にて候とて候、成奉書、

さらに、「安江」では摂津氏領や近衛家領の一方で先述した南禅寺関係領（前掲【史料十二】）も、その後変わらずに維持されたようである。【史料十五】では同じく天文五年に南禅寺瑞雲庵領「安江庄弘（広）岡村」等の知行保証が本願寺証如に依頼され、これなどは前掲【史料十一】でみた摂津氏による依頼とは別の動き（南禅寺側からの依頼）としても注目される。(65)なお、ここでは安江荘広岡村（【図二・三】参照）だけでなく、先にみた小坂荘（「小坂一分方」）や大野荘内の村々についても本願寺とのやり取りがうかがえる。この頃の加賀国における各「庄」や「村」々が共通して置かれた環境として、改めて本願寺の存在もおさえておきたい。

以上、三では倉月荘のうち安江村の事例に着目した。さて、【史料十五】の南禅寺領安江荘「弘岡村」は現在の広岡・広岡町に当たり、一方の倉月荘安江村は同荘諸江村（現諸江町ほか。【図二】参照）と隣接する現在の北安江町あたりと考えられる。このような南禅寺領安江荘と倉月荘安江村の範囲はのち下安江村（現北安江町・北安江・広岡・堀川町等）(66)の地に相当したのではないか。これに対して近衛家領安江保は反対方面、より南側のほう、のちの上安江村（現堀川町・旧南安江町）の地に当たるのではないか。ここで取り上げた「安江」地域はこのように三つの荘園（倉月荘と安江荘・安江保）が接触するような所に位置し、(67)今後近世の村々をみていく上でも興味深い舞台となるであろう。

おわりに

本章で主に取り上げた十五から十六世紀の時期には荘園のなかで複数の「村」々が成立し、[68]そこでは領有関係が複雑に展開した結果、複数の領主権力が並存する状況に至った。そして、倉月荘の場合もこれまで指摘した通り、荘内複数の「村」々（「はじめに」と【図一〜三】参照）[69]がこの頃よりそれぞれ別個に行動するようになった。

そのうち、特に隣荘に接するいくつかの集落（「村」）の様子をみて来た。例えば、北西隣（石川郡側）の大野荘と接触した舞台として青崎（青崎村）を取り上げた。また、大野荘吉藤村（・専光寺）と類似した倉月荘側の「村」としては木越村（・光徳寺）のあり方（浄土真宗寺院の拠点）も注目された。

次に、南東隣（河北郡側）にあった小坂荘との接点としては奥（興・沖）村に着目した。この小坂荘の場合は西方と春日社・大乗院門跡、同じく東方[70]（東側）と二条家・傳燈寺のつながりをみた。なお、傳燈寺に関しては摂津氏と接触した史料も確認される。そして、ここでも十五世紀後半頃から本願寺や一向一揆勢力が小坂荘における複数の領主とそれぞれ接触・交渉を持った。

さらに、倉月荘内（南側）の一部ともなる「安江」地域は三つの所領に分かれ、本章ではそれぞれ近衛家領安江保と南禅寺領安江荘、摂津氏領倉月荘安江村の世界をみた。なお、安江荘に当初含まれた桜田村は先述の通りのち「豊田七村」として史料にみられるが、[71]倉月荘内の集落・「村」はその七村とも近接していた。

以上、倉月荘やそれと隣接する荘園の事例、いくつかをみただけで、この頃の荘園には複数の領主と同じく（現代の集落規模につながる）多様な「村」々が並存・錯綜した。それが中世後期〜中近世移行期の「村」・在地社会における歴史的転換点として、またいくつかの「村」々にみられた本願寺勢力との接触があわせて当地域の特徴として評価できよう。

【註】

（1）若林陵一「摂津氏領加賀国倉月荘における領有状況の錯綜と在地社会」（『地方史研究』三三五、二〇〇八年。本書第一章）、若林「室町期・戦国期の加賀国倉月荘の「村」々と在地社会」（『加能地域史』五八、二〇一三年。本書第二章）、若林「中世後期地域社会における「村」と領主・「郡」」（『歴史学研究』九八九、二〇一九年）、若林「加賀国倉月荘の「村」と本願寺勢力・一向一揆」（『北陸史学』六九、二〇二〇年。本書第三章）。

（2）当該期の「村」については現代にまでつながる集落を一個の主体＝「自力の村」として説く蔵持重裕『中世村落の形成と村社会』（吉川弘文館、二〇〇七年）、地域におけるその「村」々の多様なすがた＝「多元性」を説く橋本道範「近江国野洲郡兵主郷と安治村」（『日本中世の環境と村落』（思文閣出版、二〇一五年・初出二〇〇四年）を参照した。

（3）橋本秀一郎「加賀国倉月庄について」（『石川歴史研究』二、一九六一年）、『日本歴史地名大系一七　石川県の地名』（平凡社、一九九一年）、浅香年木「加賀国」（『講座日本荘園史』六、吉川弘文館、一九九三年）、『金沢市史』通史編一（二〇〇四年）など。

（4）室山孝「中世村落の構成とくらし」（註3『金沢市史』通史編一、第三編第二章第一節一）。浅香年木「加賀国大野庄の領有関係」（『中世北陸の社会と信仰』法政大学出版局、一九八八年・初出一九七〇年再編）、註3浅香論文。

（5）正中二年九月二十四日大野荘田数注文（臨川寺文書。領家方・地頭方）。文明十四年十二月日大野荘年貢算用状（鹿王院文書）、明応四年十二月日大野荘年貢算用状（臨川寺文書）、明応九年十二月日大野荘年貢算用状（同）。そのほか藤江と松（「大野庄内藤江村・松村」）は建武四年四月二十八日足利尊氏書状案（臨川寺重書案）、延徳二年五月日常在光寺寺領目録案（壬生家文書）も参照のこと。以上、『加能史料』による。なお、この時期、大野荘内に複数みられる「新保」とは、「村」に対する新開地の分村とみられる。註4室山論文。
(6) 元徳二年九月十七日世良親王遺命（天龍寺文書臨川寺重書）、建武三年八月二日足利尊氏御判御教書（臨川寺文書）。以上、『加能史料』による。
(7) 註5大野荘田数注文（地頭方）、『金沢市史』資料編一・同史料解説（林譲）参照。
(8) 浅香年木「「大野庄湊」とその後背流通路」（『中世北陸の社会と信仰』法政大学出版局、一九八八年。初出一九七〇年再編）、註3浅香論文。
(9) 本章の掲載・引用史料はほぼ全てが『加能史料』により、一部（随時註記）は『金沢市史』資料編を併用した。
(10) 註4室山論文、室山「大野荘湊の役割」（註3『金沢市史』通史編一、第三編第二章第一節二）、高橋一樹「中世日本海沿岸地域の潟湖と荘園制支配」（矢田俊文・工藤清泰編『日本海域歴史大系』第三巻、清文堂、二〇〇五年）、若林陵一「中世後期の村落間相論にみる村社会と枠組」（高橋典幸編『生活と文化の歴史学五　戦争と平和』（竹林舎、二〇一四年。本書第五章）。
(11) 貞和二年閏九月十九日足利直義下知状案（臨川寺文書）。
(12) 青塚の位置については、絵図の記載から室村の海岸付近に当てる見解もあるが、筆者は両荘（特に倉月荘）の荘域から、この青塚はより内陸（青崎の近く）に位置したと考えたい。
(13) 建武三年八月三十日足利尊氏御判御教書（臨川寺文書）。
(14) 若林陵一「臨川寺領加賀国大野荘の年貢運上をめぐる五山派寺院と延暦寺」（『竹貫元勝博士還暦記念論文集　禅とその周辺学の研究』（永田文昌堂、二〇〇五年）。
(15) 応永三十一年十二月二十三日大野荘宮腰住人俊慶一王丸名売券（臨川寺文書）。
(16) 註8浅香論文、註10室山論文。
(17) 註5大野荘田数注文（領家方・地頭方）。

(18)永享七年十月十一日龍蔵坊恵源名主職売券(臨川寺文書)。
(19)永享七年十月十三日常願請文(臨川寺文書)。
(20)註4室山論文。
(21)木越祐馨「大坊主の登場と長享の一揆」(註3『金沢市史』通史編一、第三編第三章第一節一)、木越「本泉寺蓮悟と一揆衆」(同書、第三編第三章第一節三)、註1拙稿「加賀国倉月荘の「村」と本願寺勢力・一向一揆」(本書第三章)。
(22)註5大野荘田数注文(領家方)。
(23)永享九年九月二十五日浄土和讃識語・高僧和讃識語(専光寺所蔵三帖和讃)。
(24)永享十一年六月二十三日持名鈔識語(専光寺所蔵)。
(25)永享十一年六月二十三日熊野教化集識語(専光寺旧蔵)。
(26)明応七年四月二十八日親鸞・蓮如連坐影像裏書(善照坊所蔵)。
(27)註1拙稿(本書第三章)。
(28)浅香年木「一向一揆の展開と加賀国大野庄」(『中世北陸の社会と信仰』法政大学出版局、一九八八年・初出一九八一年)。
(29)註5大野荘年貢算用状(三点)。
(30)註3『石川県の地名』(「小坂庄」「興保」の項)。後掲【史料十一】。
(31)元久元年四月二十三日九条兼実惣処分状(九条家文書)。
(32)永仁七年三月五日亀山法皇宸筆願文案(南禅寺文書)、正安二年七月二十五日亀山法皇院宣案(同)。
(33)森成暁「仁木氏」(『国史大辞典』第十一巻、吉川弘文館、一九九〇年)、『金沢市史』資料編一・No.二六三解説(一九九八年)。
(34)建武四年九月二十二日足利尊氏下文案(如意宝珠御修法日記紙背文書)。
(35)暦応四年四月十日太田時連譲状写(萩藩譜録)。

(36) 康暦二年五月三日南禅寺塔頭慈聖院領諸荘園重書目録（早稲田大学所蔵文書）。
(37) 康正二年造内裏段銭并国役引付（『群書類従』二十八輯）。室山孝「在国する公家たち」（註3『金沢市史』通史編一、第三編第三章第一節五）。
(38) 同史料は『大乗院寺社雑事記』とも言い、記主尋尊は興福寺大乗院第二十七代門跡であった。その後、同記録は法嗣経尋・政覚の手に継承された。飯倉晴武『日本史小百科古記録』（東京堂出版、一九九八年）。
(39) 註3『石川県の地名』（「小二又村」の項）。
(40)『大乗院日記目録』応永三十二年十一月八日、『尋尊大僧正記』享徳四年閏四月一日、文明五年九月十五日。註37室山論文。
(41)『大乗院日記目録』永享十年八月七日。
(42)『尋尊大僧正記』明応五年三月二日。
(43)『尋尊大僧正記』明応五年十月一日。
(44) 註21木越「大坊主の登場と長享の一揆」。
(45)『守光公記』は武家伝奏広橋守光による日記であり、十六世紀前半の公武間や幕府関係の記事が多くのこされる。註38飯倉論著。
(46) 永正十二年五月二日後柏原天皇綸旨（傳燈寺文書）。
(47) 永正十二年五月二日後柏原天皇女房奉書（傳燈寺文書）、（永正十二年）五月二日広橋守光書状（同）。註37室山論文、石田文一「禅刹傳燈寺と二条家」（註3『金沢市史』通史編一、第三編第三章第二節）。
(48) 享徳二年二月四日中山康親名主職補任状案（松雲公採集遺編類纂）。註37室山論文。
(49) 中世公家日記研究会編『政基公旅引付　本文篇・研究抄録篇・索引篇』（和泉書院、一九九六年）、『新修　泉佐野市史』第五巻・史料編中世二（二〇〇一年）。
(50) 註38飯倉論著。

(51)『賀州本家領謂付日記』天文四年十月十五日には「二条殿御領…小坂」等の知行回復の所望があったことがうかがえるが、結局それは「十月廿一日不申付候」と記される。小坂荘の知行をめぐってこの頃は二条家に加えて、南禅寺瑞雲庵やその他の勢力も本願寺に自領維持を依頼していた。

(52)旧南安江町は二〇〇六年に、現在の木ノ新保町・堀川新町へと変更した。

(53)『経俊卿記』正嘉元年閏三月十四日。

(54)本庄山前について註3『石川県の地名』(「山崎領」の項)、浅香論文は山前をのち山崎村(現小立野五丁目)に比定するが、筆者はむしろ山前と桜田村は当時の安江荘における隣接した一画であったと考える。また、『金沢市史』資料編、『加能史料』はこれを「本庄・山前」とするが、筆者は一定の区域(本庄の山前か)、ひとつの地名ととらえたい。

(55)一方、桜田村はのちには豊田荘内になったとみられる。『天文日記』天文六年九月一日・六日。後掲註71参照。

(56)神田千里「室町幕府と本願寺」(『一向一揆と戦国社会』吉川弘文館、一九九八年)、草野顕之「解題」(『大系真宗史料　天文日記一』法蔵館、二〇一五年)。

(57)「五个所」のうちのこり直江村と中大浦村は、それぞれ現在の直江町・直江と大浦町のあたりに比定される。

(58)『蔭凉軒日録』は相国寺鹿苑院蔭凉職による日記であり、この頃の記主は季瓊真蘂であった。註38飯倉論著。

(59)『蔭凉軒日録』長禄二年十一月十九日。

(60)『後法興院政家記(後法興院関白記)』は記主が摂関家近衛政家であり、応仁・文明頃の記録からなった。註38飯倉論著。

(61)註21木越「大坊主の登場と長享の一揆」。

(62)註3浅香論文。

(63)橋本政宣「戦国期の近衛家領加賀国安江保について」(加能史料編纂委員会編『加賀・能登　歴史の窓』青史出版、一九九九年)、註21木越「大坊主の登場と長享の一揆」、木越「本泉寺蓮悟と一揆衆」。

(64)『雑事要録』十三・延徳二年（陽明文庫所蔵）。
(65)さらに、小坂荘では先述の通り、本願寺が領主の所望を拒否する場合もみられた。
(66)註3『石川県の地名』（「下安江村」「上安江村」の項）。
(67)なお、これまでの研究ではこれらの所領・事例を単独で取り上げることが多かったが、ここでは三つの「安江」の地や「村」々の動きを一定地域のなかで同時にとらえることに努めた。
(68)榎原雅治『日本中世地域社会の構造』（校倉書房、二〇〇〇年）、蔵持重裕『中世村の歴史語り』（吉川弘文館、二〇〇二年）、坂田聡・榎原・稲葉継陽編『日本の中世一二　村の戦争と平和』（中央公論新社、二〇〇二年）、註2蔵持論著。
(69)註1拙稿「中世後期地域社会における「村」と領主・「郡」」。
(70)小坂荘西方の一方で「東方」の記載を確認することはできなかったが、先述した通り現在の伝燈寺町から御所町にかけてのあたりがその範囲と推定される。
(71)桜田村や長田村・二口村・若宮村などがもとは豊田荘に含まれたようである。しかし、同荘でもこの頃までに、領有主体と「村」がそれぞれ複数に細分化した。註3『石川県の地名』（「豊田庄」の項）。

第Ⅱ部　中世後期の「村」社会と郡・庄―倉月荘と近隣・他の荘園村落

第五章　中世後期の村落間相論にみる村社会と枠組

はじめに

中世村落の事象のなかで「戦争と集団」の問題をとらえる場合、中世後期の「村」の成立が大きく注目されるであろう。[1]すなわち、当該期は、「惣村」をはじめとする村の集団が主体的に行動する時代であり、その発現契機のひとつが自分たちの領域、村境などを争う村落間相論であったと言える。

そして、このような戦う「村」の形成については、例えば近江国菅浦（荘。現滋賀県長浜市。以下、近江国内の位置関係は次頁【図一】を参照のこと）を舞台にした蔵持重裕氏の研究にあるように、[2]隣の大浦荘との相論のなかで形成されていく菅浦「共和国」のすがたが知られる。また、田中克行氏は共有文書『菅浦文書』より、同じく菅浦荘における惣村成立の過程を論じ、[3]そこでは外部との相論関係文書、紛争解決のさまが取り上げられた。

筆者も近江国奥嶋荘・津田荘（現滋賀県近江八幡市）を事例に、惣村について述べたことがあり、[4]両荘のうちでも奥嶋・北津田の集落が対中庄（津田荘内。後述）や対白部（奥嶋荘内）など複数の相論を展開させた。[5]また、近江国得珍保今堀郷（現滋賀県東近江市。後述）に関係してもいくつかの相論が発生しており、[6]さらに同国葛川（現滋賀県大津市）で、隣の伊香立荘や山城国久多荘（現京都市左京区）などの村とそれぞれ山林資源、生業の地をめぐる相論が展開されたことが知られる。[7]このほか、当該期の村落間相論については藤木久志氏らが、自らの権利を戦う「自力の村」像、「生命維持装置」としての実態などを指摘している。[8]

本章でも同じ頃の、いわゆる村と村の戦いをめぐる史料をいくつか掲げ、それぞれ各地域の舞台から、戦争を繰り広げた当該期における村社会のすがたをみていく。そして、その土台にある各社会の枠組―「庄」や「村」など―について特に注目したい。

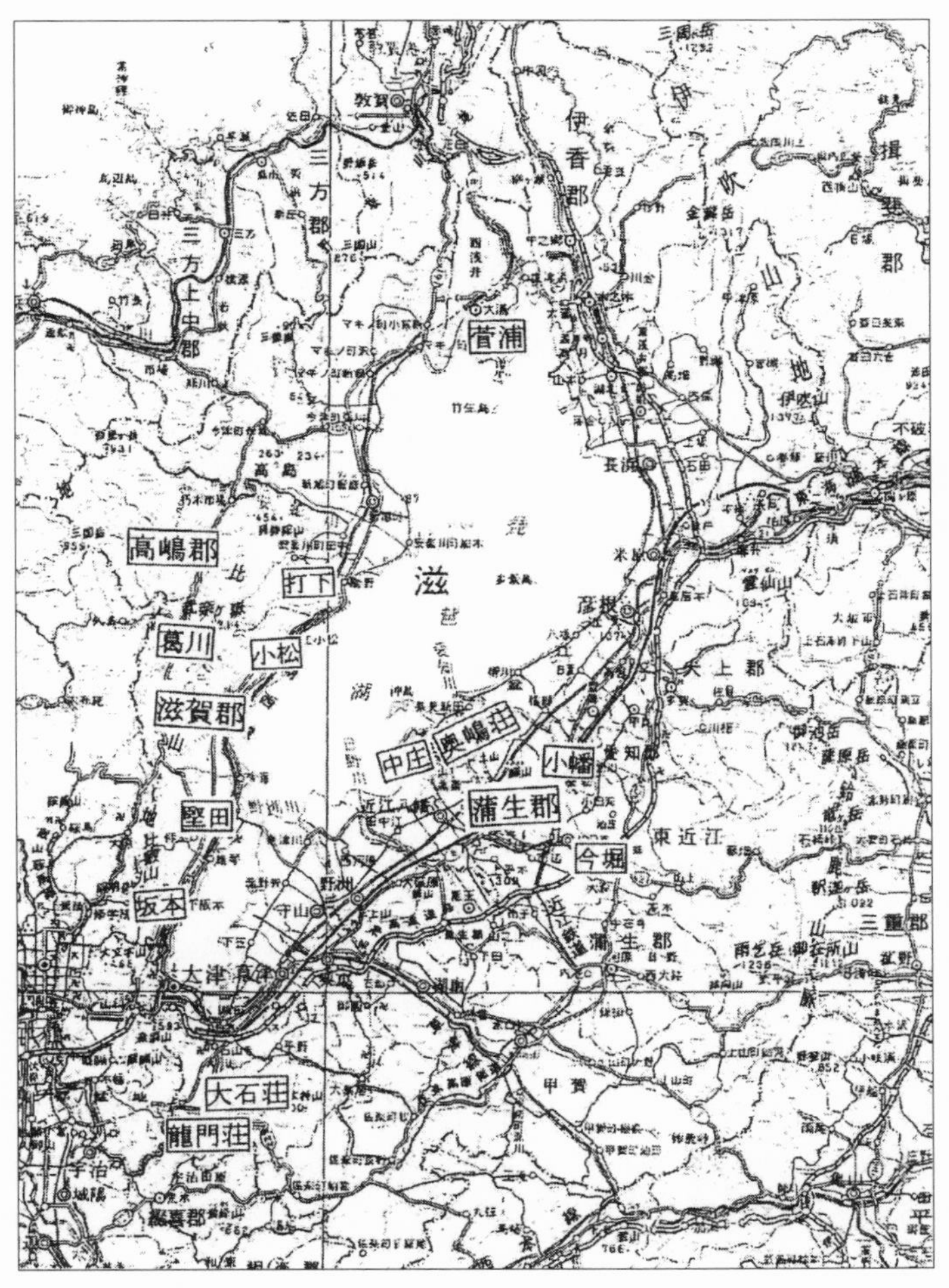

【図1】近江国内全図

一、中世村落の境相論にみる「庄」と「村」

一では、早速いくつかの地域・事例に着目して、中世村落同士の相論の様相を確かめる。そして、史料における各時期の状況を意識して、中世社会の枠組、その流れをおさえていこう。

1.「庄」対「庄」の相論―加賀国倉月荘と大野荘

さて、ここでまず取り上げるのは、加賀国大野荘とその隣倉月荘（ともに現石川県金沢市。両荘の位置関係は次頁【図二】を参照のこと）に関係する史料である。そのうち大野荘は、建武三年（一三三六）に「領家方」と「地頭方」が臨川寺によって一円領有されるようになった荘園として知られるが、(9) 鎌倉期には領家職の一方で地頭職を北条得宗家が世襲していた。次の史料は、その代官とみられる足立三郎左衛門入道厳阿の書状（以下、掲載史料中の傍線は筆者による）である。なお、一方の倉月荘は、永く幕府御家人摂津氏の領有下にあり、その関係史料は多く『美吉文書』にみられる。(10)

【史料一】足立厳阿書状案（臨川寺文書）

遷代御代官足立三郎左衛門入道厳阿方へ、自大野庄堺様被尋遣書状返事

倉月庄与大野庄河・海堺之間事、川者限青崎橋、海者限青塚、自大野庄進退候条、知行之時無相違候、此間之事、委細旨令申御使候了、恐々謹言、

康永二年

十一月廿六日　　沙弥厳阿　在判

謹上　大野庄政所殿

御返報

【史料一】は康永二年（一三四三）、案文の冒頭にある通り大野荘「遷代」[11]代官足立厳阿から臨川寺領大野荘の政所へ送られた書状（「返事」）であり、そこには隣の倉月荘との「河・海堺」のことについて記されている。そして、ここでは、両荘間の境として河（川）は青崎橋より、海は青塚の地点より大野荘の進退となったと述べている。[12]なお、【史料一】はのちに、年月日未詳ながらこれと関連するとみられる大野荘雑掌の書状[13]（両荘「相論塩海幷湖等堺事」）のなかに、「在国代官足立三郎左衛門入道厳阿自筆状」として登場する。

さらに、次にあげる史料も同じく一連のものであろう。

【史料二】足利直義下知状案（臨川寺文書）

【図2】加賀国倉月荘と大野荘

臨川寺領加賀国大野庄雑掌行盛与同国倉月庄地頭摂津右近蔵人能直代円行相論堺事

右両方申状枝葉雖多、所詮両庄東西堺者、限鳥越山之条互無論、北海者両庄以北也、然而倉月庄北堺者限浜山之間、不覃塩海迄、青塚為大野庄内、前地頭(長崎)得宗代円心等管領訖、次湖海者限青崎橋下之条、子細同前、而倉月庄土氏(民)等越往古堺、於海・湖両方致殺生之由、雑掌訴申処、塩海者可為陸地迫(廻カ)之条通例也、湖海者近岡之北鳥越山之通也、縦令海・湖一巡、境敢不入組、（略）彼状等者、皆古人筆跡、円行無異論、寺家所申令符合訖、山海境入交之条常習也、就此等証状歎是非之処、如能直今年七月三日請文者、臨川寺雑掌申両庄堺事申状者、塩海者限青塚、湖海者限青崎橋下云々、此両条不可申子細云々、此上不及異儀、且(両カ)准西国堺可仰聖断哉否、聊雖有其沙汰、云寺家云能直、両庄共以一円進止、無各別領家之間、不及子細、然則且任得宗知行之先例、且守両方承諾之絵図、塩海者限青塚、湖海者(限脱)青崎橋下為大野庄内、永可令停止甲乙人等漁狩之状、下知如件、

貞和二年閏九月十九日

尊氏(ママ、足利直義)左兵衛督源朝臣　御判

この【史料二】は貞和二年（一三四六）、同相論のなか、室町幕府の足利直義が発給した下知状（案文）であり、ここでもまた、臨川寺領大野荘（雑掌行盛）と倉月荘地頭摂津氏（同能直代円行）によって、両荘の境界のことが争われた。そして、これも同じく「塩海」（日本海）と「湖海」（河北潟）の領有が問題になったようであり、そのなか、双方の言い分や前代よりの状況等を考慮した結果、両荘の境については先例と「両方承諾の絵図」を守り、「塩海は青塚を限り、湖海は青崎橋の下を限り大野庄内」とする、すなわち【史料一】と同様の裁定が下された。

ところで、十三世紀後半から十四世紀以降の各地域、在地社会では「庄」としてのまとまり意識が強く存在したとみられ、例えば弘長二年（一二六二）には、近江国「大石庄と龍門庄和与する子細の事」（双方の相論和与の記録）

といった史料も知られる。[14] また、ここでは、同じ問題に隣の山城国田原荘（現京都府綴喜郡宇治田原町）の住人が仲介に入り、双方を「和与せさせ」ることがあった。これは、田原荘住人が周辺地域の安全を確保するとともに、ほかの「庄」と「庄」の関係を保つ、両「庄」間の交渉の場に別の「庄」住人が関与した事例として注目される。[15]

さらに、十四世紀頃の在地社会では、ある荘域の外部との、もしくは両荘間の境界には墓地や石塔が意識的に設けられることがあった。この点については、高橋一樹氏が別に、播磨国・伯耆国や越後国など各地荘園の境界域を事例に指摘している。[16] そして、【史料一・二】で大野荘と倉月荘との境に「青塚」が指定されていたことについても、同様に考えられるのではないか。すなわち、「塚」は中世前期より、在地の共同墓地を象徴する地名として普及したことが知られ、[17] また戸潤幹夫氏は、両荘の境界付近となる「大野川遺跡」（仮称。金沢市粟崎町）から出土したというこけら経も同じ相論を受けて、代官・百姓らがその静謐祈願をするために埋納したものではないかと指摘する。[18] この点、詳細は今後の課題であるが、同遺跡を含む大野川河岸、青崎橋・青塚のあたりは、両荘の領域・境界を守る一定の空間（例えば墓地や施設など）であった可能性が考えられる。

なお、ここまでみて来た大野「庄」と倉月「庄」の枠組はこうした相論などを通して、まさしく在地社会の活動のなかで育まれていったのではないか。先述したような「塚」（もしくはこけら経）の存在もそのことを象徴し、またそれゆえにこそ前掲【史料二】では、大野荘の「遷代御代官」（前地頭代・「在国代官」）にもこれまでの両荘の境界について、情報を聞かねばならなかったのであろう。本章では以下、こうした視点に即して各地・境相論の事例をみていきたい。

2.「庄」と「村」社会にみえる相論

十四世紀の「庄」対「庄」の相論については、1でみた通りである。当時、相論の主体であった村の多くは、「庄」を自らの社会の枠組としてあらわれた。ただし、この頃から間もなく、先述した加賀国倉月荘などでは「村」レベルの集落による活動がうかがえるようになる。(19) すなわち、荘内に近岡（郷・村）や南新保、諸江、松寺、中大浦(20)など、複数の小さな集落が登場し、主にその単位ごとに活動する。前掲【史料一・二】でみた「青崎橋」ものちに「青崎村」として確認される。(21)

また、別に取り上げた近江国奥嶋荘・津田荘も同様であり、この頃の荘内には奥嶋・北津田、白部など複数の集落が存在した。(22) 特に十五世紀になると、各地で惣村をはじめとする自治的な村が登場し、史料上でも「村」対「村」の相論が多くみられる。例えば、これも「はじめに」で触れた近江国得珍保今堀郷には、次のような史料が知られる。

【史料三】保内名主百姓等目安状案（今堀日吉神社文書）(23)

　目安　保内名主百姓等謹言上、

　　早欲被聞食開之間事、

右保内者、自往古東西南北無其煩商売仕候之処、小幡者構新議(儀)自保内北を関候之条、言語道断之次第候、所詮止彼悪行、如先規四方無煩致商売候様ニ、預御衆議候者畏入候、証文等先度捧申候、子細見状ニ候、以此旨預御披露候者、百姓等可安堵仕之旨、租(粗)言上如件、

　　応永卅四年十二月十九日

これまでも中世後期の村、惣村の事例として有名であった今堀郷(24)は、得珍保（延暦寺領。「庄」レベル）の一郷（「村」レベル）であり、同保の上四郷（田方）と下四郷（野方）のうち後者に属した。また、『今堀日吉神社文書』（総計

一〇二六点）は同郷の共有文書（惣村文書）として存在し、関係して多くの先行研究も知られる。特に、仲村研氏による一連の保内商人研究は有名であり、[25]さらに近年では薗部寿樹氏も住人らの身分（「村落内身分」）・組織、文書形式などに着目して、多く研究を発表している。[26]このほか、同郷については農業・商業活動から村落財政、宮座運営の問題までを含めた、新たな惣村像を抽出できそうである。

さて、この今堀には、早くから十禅師社（現日吉神社）が鎮座していた。同社は得珍保のうち下四郷全体の鎮守でもあり、また同庵室では保内商業の事務が行われた。そのなか、今堀郷・保内商人などの活動にかかわり、『今堀日吉神社文書』には複数の対隣村相論の関係史料（一四点）が確認される。[27]【史料三】はそのうち応永三十四年（一四二七）の、対小幡商人に関するものであるが、そこでは「保内」の商業圏に対して、小幡（現東近江市）の「新議（儀）」が問題になったようである。なお、同じ頃に「就保内与小幡商売立場事」いて、「保内」側の商売を支持した延暦寺東塔東谷の衆儀下知状も知られるが、[28]それが【史料三】への裁許状であろう。

また、この『今堀日吉神社文書』では「保内」世界の広がりの一方、今堀をはじめ各「郷」（先述。近世「村」の単位へ）の枠組が多く登場する。例えば、得珍保には今堀郷のほか、中野郷・破塚郷・小今在家郷などの集落、[29]一方の小幡でも庄田・中村・井のう田からなる「小幡三郷」の世界、別の商業圏の存在が認められる。[30]すなわち、そこには「庄」や「村」だけでなく、いくつかのレベルの枠組が錯綜していた。

そして、時期が下ると、ほかの地域でも同じような状況がみられる。次に、文亀三年（一五〇三）四月、和泉国日根荘（九条家領。現大阪府泉佐野市）の村々が登場する相論を続けてあげたい。

【史料四】『政基公旅引付』文亀三年四月[31]

十三日配晴、夕降雨、上郷与日根野村山論事先年沙汰了、其儀又再発、近日可取合云々、

（略）

十六日壬晴、仲快（竹原）今日上、定雄（竹原）下者則可上之処、縦雖少事可上用却之由、仰付之間延引、然而遂不事行、無尽期之条罷上了、抑上郷与日根野村山論事、先可延引云々、

（略）

廿九日乢霽、井原村之郷人等近日動木（土）丸村之内之山ヲ盗切云々、仍可打擲哉否、四ヶ村令会合加種々評議事、已重事也、井原村ハ七ヶ郷令与同企此儀云々、古老黎元等加意見、先不及打擲、加思案之子細又有之云々、

この日根荘には、[32]鶴原村・井原村・日根野村・入山田村、さらにこれらの南隣に上（之）郷といった集落があった。なお、【史料四】の『政基公旅引付』は、荘園領主九条政基（前関白）が家領日根荘を直接支配するため、文亀元年から永正元年（一五〇四）まで下向した際の日記である。これが書かれた主な舞台はそのうち入山田村であり、当時の九条家は守護との半済などを経て、入山田村（「入山田庄」）と日根野村の一部を領有するだけであった。[33]そして、そのうち入山田には、より小さな四ヶ村＝土丸村・大木村・菖蒲村・船淵村があり、[34]これらは近年、「庄」＝入山田、「村」＝四ヶ村と理解されることが多い。[35]近現代の集落に続くその地名を冠した当該期の村（「村」）の成立という流れから、ここでも入山田「庄」・四ヶ「村」ととらえたい。

さて、この【史料四】ではまず文亀三年四月十三日条、同じく十六日条に、上郷対日根野村の山論が問題とされ、[36]そこでは日根荘における入山田（政基居住）とは別の村同士の争いが確かめられる。一方、同月二十九日条には、井原村対土丸「村」の山争いがみえ、またそのことで入山田「四ヶ村」に評議・談合の場が持たれたことも知られる。このように日根荘の事例では、『政基公旅引付』の世界などに色々なかたちの「庄」や「村」、いくつものつながり・枠組がうかがえる。

以上、十三世紀から十四世紀の村落間相論は「庄」対「庄」のものが多かったが、続いて十五世紀になると、そこに「村」の動向もみられるようになった。ただし、一方で「庄」の枠組は遅くまで機能したことが知られ、その点も得珍保今堀郷や日根荘入山田村などの事例、研究に明らか(37)である。なお、当該期の村落をめぐる社会的枠組が「庄」や「村」だけでないこともまた周知の通りであり、それらを含め様々なレベルが並存した状況をおさえておきたい。そして、次の二ではこれらに並ぶ、もうひとつ別の単位・枠組に注目しよう。

二、「庄」の相論にみる「村」と「郡」の枠組

一の2では、中世後期の村落間相論、在地のなかで「庄」の一方、「村」や複数の集団の枠組をとらえた。ところで、池上裕子氏らは、当該期の「地域社会」において「村」の自力の一方、国郡制の影響を指摘する(38)が、そこで着目される史料のなかにものちにあげるような村落間相論関係のものがみられる。そして、二では引き続き、その種の史料にあらわれる在地社会の舞台について、「郡」など制度的な枠組とのかかわりを含め考察したい。

まずここでは、わりと早期の事例から一点取り上げよう。

【史料五】覚観書状（神護寺文書(39)）

態令申候、国守護所者、可令停止国中狼藉給御憲法御使也、而静川与桛田堺相論事、自去年八月比出来、高尾別当宗全僧都申　宮僧正御房云、被召合両方証文等、可停止高野僻事之由訴申間、於長者御房互備官省・宣旨等証文之処、為高野道理之間、全高尾申状不叶、其上又自高野方経奏聞、偏証悟一人結構之由令掠申間、長者御房・松殿法印御房以寺家陳状備証文、令　奏聞御之間、高尾切々雖訴申、為高野道理之間、近日可有勅許折節、宗光（湯浅）

罷下関東、此程朝家大沙汰、松殿禅定殿下御沙汰にて、被経奏聞程事を、証悟一人結構之由を掠申候て、賜御下文条、尤宗光関東をあさむき（欺）まいらする（進）とか（科）難遁者也、長者御房・法印御房幷御山之御使にて、近日関東へ令下向候也、（略）高尾奏状云、桛田庄者伊都郡内也、静川者南（那）賀郡内也、打定四至牓示、両郡堺国郡見知無其隠、又自元高野モ如此訴申候也、全指越南賀郡、静川庄不打入伊都郡内桛田、互申状符合、其上ハ以何事掠申候哉、尤道理ハ無隠事ニ候へハ、朝家御沙汰にハ、高野尤有其訳（謂カ）之由、蒙仰候之処、下関東横申籠条、豈可然候哉、下向之時ハ、必々可令参　左衛門殿館候也、恐々謹言、

（貞応三年カ）五月廿六日　　覚観

謹上　守護所殿

【史料五】は貞応三年（一二二四）とみられる、紀伊国桛田荘（現和歌山県伊都郡かつらぎ町）対同国静川荘（現紀の川市）の相論[40]に関する史料である。神護寺領桛田荘と高野山領静川荘は「去年（貞応二年）八月頃」より双方の境、用水の利をめぐって相論を展開していたとあり、そのなかで高野山僧覚観が守護所へ出した書状がこれである。ちなみに、当時の紀伊守護は佐原家連であり、【史料五】の「左衛門殿」がそれであろう。

まず、この史料では次の通りある。当初、神護寺側（桛田荘側）は「高野僻事」を停止すべきと提訴したが、東寺長者・朝廷のもとそれはことごとく「高野道理」ありとなった。そのため神護寺の意を以て湯浅宗光（鎌倉幕府御家人・桛田荘預所か）が関東へ下り、[41]幕府「を欺き進」したというのが高野山側（静川荘側）の主張である。なお、ここで言われている幕府への行為の一方、同五月一日には関東御教書の施行状[42]が六波羅探題より紀伊守護代へ下された。また、同年とみられる一ヶ月後には、神護寺僧行慈（上覚）の書状（高野山側の「謀計」と主張）ものこされている。[43]

そして、【史料五】によると、神護寺（「高尾」）の先の奏状では桛田荘は伊都郡内、静川荘は那賀郡内に属すとあったが、

そのこと自体には高野山も異議はない。両郡の境は紀伊国内で鮮明であり、そもそも那賀郡を越えて、静川荘が伊都郡桛田荘に入ることはない。

「其の上は」と、覚観・高野山側は自らの正当性を主張する。

なお、桛田荘と静川荘が互いの境を争うなか、伊都郡と那賀郡のそれまでを問題にしているが、これは両荘の境が争われる（両「庄」の枠組の）一方、「両郡の境は国郡の見知其の隠れ無」き状態であったからとみられる。すなわち、この頃の村落間相論では、「郡」もその社会をかたちづくる枠組のひとつとして、ほかの境界を定める上での指標として登場した。なお、この史料では「郡」が両「庄」とは別系統の枠組としてうかがえるが、それらの点をおさえた上で先に進みたい。

ここでは次に、前掲【史料四】でみた和泉国日根荘と同じく十六世紀初頭、文亀年間（一五〇一～四）の近江国小松荘（現滋賀県大津市）の事例に着目しよう。なお、それに関係する文書（群）は、小松の「特権的侍身分」と言われる伊藤家[44]（鎮守神主・下司・守護被官）に伝わったもので、ここでは隣の打下（現滋賀県高島市）との山境相論についてみられる。

【史料六】小松惣庄書状（伊藤泰詮家文書[45]）

（滋）志賀・高嶋両郡堺杉之事、号用木与自国方被召切候処候、任時節彼堺可相失之由、為打下与雑意仁候条、堺就近所如往古可相定候哉之覚悟候、然者郡内各可奉憑御合力候者也、恐惶謹言、

（文亀二年）六月廿六日　小松惣庄（花押）

坂本三浜御中

文亀二年六月（二十六日）、「小松惣庄」は打下を相手に訴訟を進めたが、それは別の史料に[46]、「文喜（亀）二年三

月下旬ニ、堺ノ大杉ヲ号国方御要求打下調法」しようとしたからだとある。なお、打下は音羽荘の一部、のちの打下村であり、小松と打下はすでに応永二十三年（一四一六）には「山堺相論」をしていたことが知られる。(47) 相論は応永以降も繰り返されたようで、先に永享八年（一四三六）・九年・十年・（十二年・）十三年、文明十五年（一四八三）、明応八年（一四九九）の分が記録される。(48)

そして、【史料六】の場合、この小松と打下の「堺杉」が近江国滋賀郡と髙嶋郡の境にもされた。すなわち、同「堺杉」が守護方（「国方」。近江守護六角氏）の「用木」として伐採され、そのことに乗じて打下が双方の境界を「相失」わん（曖昧にしよう）としたという。それに対して、「小松惣庄」がこの問題を「近所」(49)、広く「郡内」のこととしてとらえ、同じ滋賀郡の坂本三浜に「合力」を要請した。なお、この二日後には、「小松惣庄」より「堅田惣庄」へ同じ内容の書状が送られているが(50)、堅田も滋賀郡内の集落であった。

さて、これらの史料から池上裕子氏は、「庄」内の各集落（「村」）が地域社会のなか、活動する上で国郡制の枠組と不可分の関係にあったことを指摘する。(51) 筆者も中世後期や以降の在地社会の流れを踏まえると、「郡」の枠組・影響は無視できないと考える。(52) ただし、小松にとって当時、「郡」の枠組は決して絶対的なものではなかった。続く七月一日には、この件で次のような書状も小松へ到来する。

【史料七】中庄隆久書状（伊藤泰詮家文書）

就打下与其方堺相論之儀、委細中屋将監以申候、聊爾儀候てハ不可被然(ママ)候、人勢入事候者何時も可遣候、日取以下調へ将監ニもたせ進候、彼方愈大事之事之候間、自然地下不足儀候てハ、外聞実儀不可然候、此時涯分此方ニて合力何と申候ハヽ、定日承可渡海候、是ことの趣地下仁(人)等可被仰聞候、恐々謹言、

中庄

（文亀二年）七月朔日　　隆久（花押）

小松

名主沙汰人御中

【史料七】では、先と一連の小松対打下の境相論のなか、中庄隆久が小松方に「合力」を約束している。まず、この発給者、中庄の隆久がどこの者であるかを考えると、先学では蒲生郡（津田荘内。現滋賀県近江八幡市）の「中庄」に由来すると言われて来た。(53) 一方、中庄という地名は同じく滋賀郡内にもみられ、その方が【史料六】の「郡内」のことを理解しやすいかもしれない。しかし、嘉吉三年（一四四三）の「奥嶋荘名々帳」(54)では、津田荘の者として同じ「中庄中屋」が確認されるので、筆者もここでの「中庄」は蒲生郡内（対岸より「渡海」）に比定したい。

そして、その場合、「小松惣庄」をめぐって「郡内」の影響がうかがえる【史料六】と、それをも越える「地域社会」の広がりを示す【史料七】とを、ともにどう理解すればよいか。両史料はこれまでも取り上げられて来たが、筆者はこれらを同時に解釈する上で、次のような説明を加えたい。

すなわち、村々は当該期に「庄」を越えつつ、【史料七】のようにより広い地域社会のなかで活動することがあったが、一方で【史料六】のように「郡」の枠組におさえられることもあった。郡は古代以来、永く続く制度的枠組のひとつであった。ただし、この頃の「村」にとって「郡」は絶対的な（唯一無二の）枠組ではなく、その範囲内に活動が制限されるというより、むしろ自らの社会のなかでその認識を利用することさえあったのではないか。(55) 当該期、村落間の境相論では「郡」の枠組も、あくまで選択肢のひとつに過ぎなかったのである。

以上、【史料五】から【史料六・七】の時期のなか、各村落間相論は「庄」のまとまりのもと「村」の形成とともに経過したが、それとは別に「郡」への所属意識がみられることもあった。そして、「郡」は村落間相論において、その社会の枠組として「庄」や「村」とは別に認識される場合があったが、それらも在地のなかでは臨機応変であった。

おわりに

本章では、各地在地社会における村落間相論の史料をいくつかまとめて掲載し、考察するなかで、庄・村・郡など当該期社会の様々な種類の枠組をみて来た。なお、中世の村落は大きく、「庄」から「村」への流れのなかにあったと言えよう。例えば、それらは先述した倉月荘や得珍保、日根荘、音羽荘（打下）などの場合・経過に明らかである。しかし、当該期の村落としては「庄」や「村」だけでなく、そのもとには様々な規模の枠組が並存し、また二の通り、在地社会では「郡」も別に認識されていた。むしろこの頃は、それら複数の枠組が重なり合って存在していたことこそが、社会のひとつの特徴であったのではないか。

また、在地の人々はこれら各枠組をそれぞれ認識し、相論などで自らの主張を繰り広げるなか、臨機応変に利用していた。そのため筆者は、この頃の在地社会をみる上で今後も、村など諸勢力の「自力」と複数の社会的枠組、いわばその結果生まれた〝面〟と〝線〟をともに意識しつつ、考察していきたい。そして、それら数種類の重なりがはっきりみえるのが、本章で取り上げたような村の「戦争と集団」の場であり、その在地のなかでこそ社会の枠組は成り立ったであろう。

【註】

（1）勝俣鎮夫「戦国時代の村落」（『戦国時代論』岩波書店、一九九六年・初出一九八五年）、坂田聡・榎原雅治・稲葉継陽『日本

の中世一二　村の戦争と平和』中央公論新社、二〇〇二年）。
（2）蔵持重裕『中世　村の歴史語り』（吉川弘文館、二〇〇二年）、蔵持『中世村落の形成と村社会』（吉川弘文館、二〇〇七年）。
（3）田中克行『中世の惣村と文書』（山川出版社、一九九八年）。
（4）若林陵一「近江国奥嶋荘・津田荘における惣村の成立と在地社会の変質」（『歴史』一〇五、二〇〇五年）、若林「近江国奥嶋荘・津田荘・大嶋奥津嶋神社にみる「惣」と各集落」（『民衆史研究』八三、二〇一二年）。
（5）永仁六年六月四日大嶋奥津嶋神社神官村人等一味同心規文（大嶋奥津嶋神社文書）（滋賀大学経済学部附属史料館編『大嶋神社・奥津嶋神社文書』）、宝徳元年十月十七日徳承・安玖田地寄進状案（同）。
（6）仲村研「近江国保内商人の争論」（『中世地域史の研究』高科書店、一九八八年・初出一九八三年）。
（7）坂田聡「南北朝期内乱期の村落間相論と村の自力」（『日本中世の氏・家・村』校倉書房、一九九七年・初出一九九四年）、高木徳郎「中世における山林資源と地域環境」（『日本中世地域環境史の研究』校倉書房、二〇〇八年・初出二〇〇〇年）、註1『日本の中世一二　村の戦争と平和』第一部（坂田）・第三部（稲葉）。
（8）藤木久志「中世後期の村落間相論」（『豊臣平和令と戦国社会』第二章第三節、東京大学出版会、一九八五年）、酒井紀美「村落間相論の作法」（『日本中世の在地社会』吉川弘文館、一九九九年・初出一九九一年）。
（9）建武三年八月三十日足利尊氏御判御教書（臨川寺文書）（『加能史料』）。室山孝「中世村落の構成とくらし」（『金沢市史』通史編一、第三編第二章第一節一、二〇〇四年）、若林陵一「臨川寺領加賀国大野荘の年貢運上をめぐる五山派寺院と延暦寺」（『竹貫元勝博士還暦記念論文集　禅とその周辺学の研究』（永田文昌堂、二〇〇五年）。
（10）若林陵一「摂津氏領加賀国倉月荘における領有状況の錯綜と在地社会」（『地方史研究』三三五、二〇〇八年。本書第一章）、若林「室町期・戦国期の加賀国倉月荘の「村」々と在地社会」（『加能地域史』五八、二〇一三年。本書第二章）。
（11）「遷代」の代官とは、前代か遷替のそれとみられるが、どちらにせよここでは先に、過去の代官厳阿に「大野庄より堺の様を尋」

ねることがあったと考える。

(12) 註9室山論文、高橋一樹「中世日本海沿岸地域の潟湖と荘園制支配」(矢田俊文・工藤清泰編『日本海域歴史大系』第三巻、清文堂、二〇〇五年)。なお、両荘と同じく河北潟沿岸に位置した加賀国金津荘と北英田保の間でも、境相論が知られる。正安二年三月二十三日関東下知状(加茂社文書)(『加能史料』)。

(13) (年月日未詳)大野荘雑掌目安状案(臨川寺文書)。

(14) 弘長二年十一月十七日大石・龍門両荘民和与日記案(禅定寺文書)(古代学協会編『禅定寺文書』)。小林一岳・櫻井彦・蔵持重裕・窪田涼子「第一部　山城国禅定寺と地域社会」(藤木久志編『京郊圏の中世社会』高志書院、二〇一一年)。

(15) また、同じ頃、大石荘と山城国奥山田荘の山野相論があったことも知られる。(年月日未詳)近江国龍門荘雑掌言上案(禅定寺文書)。

(16) 高橋一樹「中世荘園と墓地・葬送」(『国立歴史民俗博物館研究報告』一一二、二〇〇四年)。

(17) 勝田至「文献から見た中世の共同墓地」(『日本中世の墓と葬送』吉川弘文館、二〇〇六年・初出一九九三年)。

(18) 戸潤幹夫「加賀出土のこけら経」(『石川県立歴史博物館紀要』五、一九九二年)。

(19) 註10拙稿(本書第一章・二章)。

(20) 建武四年八月十四日足利尊氏御判御教書(池田氏収集文書)(『金沢市史』通史編一掲載写真)、文明九年十月十五日室町幕府奉行人連署奉書(美吉文書)(『加能史料』、東京大学史料編纂所影写本)。

(21) 文明十七年九月二十一日室町幕府奉行人連署奉書(美吉文書)。

(22) 註4拙稿(二編)。

(23) 『今堀日吉神社文書』は仲村研編『今堀日吉神社文書集成』により、東京大学史料編纂所影写本を併用した。

(24) 至徳元年十一月二十六日今堀郷神畠坪付(今堀日吉神社文書)、延徳元年十一月四日今堀郷地下掟書案(同)。

(25) 仲村研『中世惣村史の研究』（法政大学出版局、一九八四年）。
(26) 薗部寿樹「中世惣村定書の署判」（『日本中世村落文書の研究』小さ子社、二〇一八年・初出一九八六年）、薗部「中近世移行期における近江国今堀郷宮座の変遷」（『米沢史学』一八、二〇〇二年。のちに『村落内身分と村落神話』へ）。
(27) 註6仲村論文。
(28) 応永三十四年十二月二十三日延暦寺東塔東谷下知状（今堀日吉神社文書）。
(29) 応永三十五年三月二十日性金等連署起請文（今堀日吉神社文書）。
(30) 応永三十五年閏三月二日清忠奉書（今堀日吉神社文書）。
(31)『政基公旅引付』は、中世公家日記研究会編『日本史史料叢刊一　政基公旅引付』によった。
(32) 榎原雅治「「地域社会」における村の位置」（『日本中世地域社会の構造』校倉書房、二〇〇〇年・初出一九九八年）、註1『日本の中世一二　村の戦争と平和』第二部（榎原）・第三部（稲葉）、廣田浩治「『政基公旅引付』と日根荘」（『新修泉佐野市史』第一巻、第四章、二〇〇八年）。
(33) 永享四年十一月日九条家雑掌目安案（九条家文書）（『図書寮叢刊　九条家文書』）、『政基公旅引付』永正元年十二月二日。
(34)『政基公旅引付』文亀元年八月十三日、文亀二年十二月二十八日入山田四ヶ村秋段銭散用状（九条家文書）。
(35) 矢田俊文「戦国期日根荘の民衆と生活」（小山靖憲・平雅行編『荘園に生きる人々』和泉書院、一九九五年）、註32榎原論文。一方、日根野村は『政基公旅引付』などでは東方（領家方）・西方（地頭方）に分かれ、さらにその内部には又の木・溝の口・西上・野口・辻鼻などの小村があった。註32廣田論文。
(36) 上郷と日根野村の相論は「先年沙汰し了ぬ」とある通り、『九条家文書』にも延徳三年七月十一日室町幕府奉行人連署奉書案や同年の「境相論関係文書案」一式がのこされる。
(37) 註25仲村著書、註1坂田・稲葉・榎原論著。

(38) 池上裕子「中世後期の国郡と地域」(『日本中近世移行期論』校倉書房、二〇一二年・初出二〇〇〇年)、池享「戦国期の「国」について」(『戦国期の地域社会と権力』吉川弘文館、二〇一〇年・初出二〇〇五年)。また、稲葉継陽「領域秩序の形成と国郡制」(『日本近世社会形成史論』校倉書房、二〇〇九年・初出二〇〇四年)は、逆に国境・郡境も在地の実態を踏まえ定まったことを指摘するが、前掲【史料二】でみた「遷代御代官」とのことも同様に解釈したい。

(39) 『神護寺文書』は『かつらぎ町史』古代・中世史料編により、ほか『特別展　紀伊国桛田荘と文覚井』(和歌山県立博物館図録)写真を併用した。

(40) 服部英雄「紀伊国桛田庄絵図の受難」(国立歴史民俗博物館編『描かれた荘園の世界』新人物往来社、一九九五年)、高橋修「桛田荘―文覚と湯浅一族」(山陰加春夫編『きのくに荘園の世界』上巻、清文堂出版、二〇〇〇年)、註39和歌山県立博物館図録(二〇一三年)。

(41) 桛田荘と湯浅氏・関東との関係については高橋修「神護寺領桛田庄と湯浅氏」(『中世武士団と地域社会』清文堂、二〇〇〇年・初出一九九六年)、高橋「神護寺領桛田荘の成立」(同書・初出一九九七年)、註40高橋論文を参照した。なお、その間の同訴訟における神護寺側でも、主導者(別当宗全から行慈へ)が定まらないなど問題があった。

(42) (貞応三年)五月一日六波羅施行状(京都大学総合博物館蔵)(『かつらぎ町史』古代・中世史料編、註39和歌山県立博物館図録写真)。

(43) (貞応三年)六月十六日行慈書状(神護寺文書)。なお、神護寺が桛田荘の在地支配を進めた様相は、(貞応三年)八月五日行慈書状(同)にもうかがえる。

(44) 久留島典子「湖西の一境相論から」(『遙かなる中世』七、一九八六年)。

(45) 『伊藤泰詮家文書』は『志賀町史』第四巻により、ほか東京大学史料編纂所写真帳を併用した。

(46) 小松荘与打下山論目録(「江州志賀郡小松之庄与音羽新庄与山論目録」。伊藤泰詮家文書)。

(47) 応永二十三年六月三十日小松百姓等連署請文（鵜川区有文書）（『志賀町史』第四巻）。なお、この相論の事情、その後の経過については、長谷川裕子「湖西の村の「生存史」」（蔵持重裕編『中世の紛争と地域社会』岩田書院、二〇〇九年）に詳しい。
(48) 註46小松荘与打下山論目録。『志賀町史』第四巻・中世編49〜52・64・72（二〇〇三年）。
(49) 酒井紀美「徳政一揆と在地の合力」（『日本中世の在地社会』吉川弘文館、一九九九年・初出一九九四年）。
(50)（文亀二年）六月二十八日小松惣庄書状（伊藤泰詮家文書）。
(51) 註38池上論文。
(52) 若林陵一「近江国蒲生下郡における本佐々木氏一族と長命寺」（入間田宣夫編『東北中世史の研究』上巻、高志書院、二〇〇五年）。
(53) 註44久留島論文、註38池上論文、註47長谷川論文。
(54) 嘉吉三年十月十三日近江国奥嶋荘名々帳（大嶋奥津嶋神社文書）。
(55) ひとつの相論に関する【史料六】（なかに「郡方」記載あり）と【史料七】（なかに同記載なし）の違いは、前掲【史料五】の場合も含め、守護が関与しているか否かに影響されたかもしれない。

第六章　加賀国倉月荘・越中国般若野荘にみえる村と社会の枠組

はじめに

本章では、中世後期荘園のもとでの村社会の経過についてみる。そして、その際に特に注目したいのが、それぞれの村をめぐる「村」や「庄」「郡」などといった社会の枠組である。(1)

さて、当該期の荘園・村をみる上で、在地の「自力」による動向や地域社会の広がりの一方、(2) 国郡制などの制度的枠組を意識した研究の成果が知られる。例えば、池上裕子氏は自力の「村」や地域社会をめぐる国郡制の影響を指摘しており、(3) また稲葉継陽氏は「国郡制的領域秩序」に対する在地社会・村レベルでの「中世的紛争処理システム」機能、それに基づく国郡制形成への動きを論じる。(4)

そして、本章では、加賀国倉月荘や越中国般若野荘（現富山県高岡市・砺波市）といったふたつの荘園を舞台に取り上げる。すなわち、これらは後述する通り、それぞれ両国において郡と郡の境界付近に位置した荘園であり、以下その点に注目して、中世後期の村をめぐる各社会の枠組を複数の角度からみていきたい。

一、倉月荘松寺村・諸集落と社会の枠組

筆者は先に室町期荘園の実態をめぐって、加賀国倉月荘（以下、あわせて【図一】参照のこと）を事例に考察し

た。[5]そこでは、同荘における複数の空間と領有主体の並存、その過程について、室町幕府御家人摂津氏領や五山十刹宝幢寺領・南禅寺領など、主に室町幕府関係の所領としてとらえた。なお、この荘園では同じ頃、近岡・諸江・諸江破出・中大浦・木越・松寺・千田・岩方・赤浜等複数の「村」ができたことも知られる。そして、戦国期に至るまで、そこでは延暦寺・守護富樫氏・一向一揆勢力の関与もしばしばみられた。[6]

【図1】倉月荘内地形図

なお、筆者は、当該期の「村」を所与の前提とはみず、その成立を同社会の動きのなかでとらえる視点[7]に注目したい。例えば、近江国奥嶋荘・津田荘では、鎮守等の基盤と独自の領主権力との関係を含め、複数の惣村が成立したことが知られる。[8]同じく倉月荘では当該期、各所で複数の領主の動向と「村」の分立がうかがえ（先述。本書第一章）、さらに諸江（「諸江惣村」[9]）等一部の集落では独自に、一向一揆勢力との関係を持ったりした（本書第二章）。そして、ここでは各集落（倉月荘の「村」々）のうち松寺（現金沢市松寺町）とその周辺の事例に着目し、それらをめぐる社会の枠組についてみていきたい。

【史料一】摂津親秀譲状（美吉文書）(10)

（外題安堵・略）

譲与

一、惣領（摂津）能直分

美濃国脇田郷一色・三井・大幡・簗瀬・大嶋、土左（佐）国田村庄、伊予国矢野保内八幡浜、備中国船尾郷、伊賀国若林御薗但下切尼公一期之間譲之、和泉国下条郷、上野国高山御厨領家職、武蔵国重富名南北、加賀国倉月庄〈但岩方村半分、比丘尼明丘壱期之程、可被知行之由、載別紙譲状、松寺村内廿町方、女子伊呂一期之後者、阿古丸可知行之由、載別紙譲状之間、除之、同村十六町方内参分壱、大隅五郎親泰譲与之間、除之、〉近江国柏木御厨内本郷、

右所々者、為能直惣領所譲与也、若無子而有早世事者、舎弟松玉丸可知行之、委細置文別紙注之、於訴訟未落居幷譲漏地者、悉可為惣領分状如件、

暦応四年八月七日　掃部頭親秀（摂津）（花押）

（略）

摂津親秀は暦応四年（一三四一）に自らの所領を分割し、嫡孫（「惣領」）能直ら一族、関係者に譲渡することがあった。(11) 筆者は、その一部をすでに本書第一章で掲載・言及したが、一方、本章の【史料一】では「惣領能直（への譲渡）分」を抜き出し、掲載した。

なお、その他、【史料一】の省略部分のうち、倉月荘関係の記載のみを抜き出すと、親秀が阿古丸へ譲渡した分（「阿古丸分」）としては「松寺村廿町方〈但女子伊呂一期之程、可知行之〉」、嫡女子幸玉分としては「木越村」、女子伊呂分としては「松寺廿町方」、比丘尼明丘分としては「岩方村半分」、養子（大隅）五郎親泰分としては「松寺村十六町方内参分壱」、穢土寺領分としては「近岡郷内月峯五町・千田郷内供料田弐町・同月峯参町・末延名田地・木越村千得名壱町・月峯弐町・善遵田弐町・松尾田陸段〈坪西山在之〉」が確認される。

さて、【史料一】は暦応四年時の、倉月荘松寺（村）における摂津氏領の存在を示唆するものであるが、その後、康暦二年（一三八〇）に室町将軍家足利義満が宝幢寺創建に伴い、「加賀国倉月庄内松寺・赤浜両村」等を寄進した。[12] そして、続いて次の史料がのこされる。

【史料二】宝幢寺・鹿王院両寺領等目録（鹿王院文書）

（押紙）「勝定院殿義持（足利）御判」

（異筆）「此所々為両寺領当知行云々、永代領掌不可有相違之状如件、

　　応永十八年三月十七日

内大臣源朝臣（足利義持）（花押）」

　　宝幢寺領

加賀国倉月庄松寺村・赤浜村

播磨国安田領家職半分

但馬国鎌田庄地頭・領家一円土佐国吾川山地頭職

摂津国吹田西庄内倉殿地頭職

山城国乙訓郡大覚寺
摂津国多田庄内阿古谷上・下
　鹿王院領
（略）
　諸末寺
　　応永十八年辛卯三月日
（略）

応永十八年（一四一一）、宝幢寺・鹿王院は各寺領の室町将軍家による代替安堵（三代足利義満から四代同義持へ）を要請した。その対象の目録が【史料二】である。なお、「倉月庄内松寺・赤浜両村」は先述した康暦二年の後、永徳二年（一三八二）にも義満・北朝より安堵され、(13)さらに本史料ののち、六代将軍足利義教も同様に外題安堵する。(14)

ところで、ここにみえる倉月荘松寺村の一方、赤浜村の現地比定がなかなか難しい。これは現在の須岐神社（金沢市東蚊爪町）につながる赤浜八幡神社（赤馬場八幡宮）との関係がすでにあげられているが、(15)近世の松寺村と蚊爪村（加賀爪村。一部が現東蚊爪町へ）との距離差等を考慮すると、判断には躊躇せざるを得ない。同社の氏子圏の範囲も踏まえ、赤浜村はのちの寺町村への集落と関係しないであろうか。寺町村（現北寺町）にも八幡神社が鎮座するが、これが赤浜の地名と関係する可能性はないか等、今後も注意したい。そして、倉月荘松寺に関しては、次の史料も知られる。

【史料三】『蔭涼軒日録』長禄二年十一月十九日(16)

十九日、（略）宝幢寺松寺領摂津守違乱之事、嵯峨大慈院領松木殿違乱之事、玉潤軒領備中国井原庄之事、守護方致半分之訴証之事、預白之、此件々伺之、

この頃、相国寺塔頭鹿苑院の書院蔭凉軒の歴代軒主は京都五山・幕府の動向、外交関係等を『蔭凉軒日録』に記録した。それによると、八代将軍足利義政の代である長禄二年（一四五八）、倉月荘では「宝幢寺松寺領（宝幢寺領松寺ヵ）を摂津守（摂津之親ヵ）違乱するの事」が問題になったという。摂津之親は康正元年（一四五五）、同足利義政から「加賀国倉月庄地頭・領家両職内不知行所々」を返付・保障されていた。[17] ここでは、それを機に摂津氏が宝幢寺領分まで「違乱」したか、逆に宝幢寺が強弁しているだけか、判断しがたい。ともかく【史料三】では、その件で宝幢寺から蔭凉軒を通じて、義政へ「伺」があったようである。

その後、文明十年（一四七八）には、「加賀国松寺村」等が宝幢寺領として安堵され、[18] さらに同じ頃に次の史料もみられる。

【史料四】　摂津政親書状（鹿王院文書）

（封紙ウハ書）
「　　　　　　　　　　摂津守
宝幢寺侍衣禅師　　政親」

御寺領加州松寺三个村事、数年雖致執沙汰候、有御直務度之由、種々承候間、如元上表申候、此等之趣可得御意候、恐惶謹言、

二月十四日　　　　政親（花押）

宝幢寺

侍衣禅師

これは年次が記載されないが、『金沢市史』資料編二[19]では明応三年（一四九四）頃のものとして収録される。ここでは、摂津政親（摂津守。同之親子息）が宝幢「寺領加州松寺三ヶ村の事」を保障している。なお、「松寺三ヶ村」は、遡って永享七年（一四三五）[20]にみえる「松寺東西」の状況と通じるであろうか。それらが先にみた赤浜とあわせて「松寺三ヶ村」であるとの見解も知られ、そうであれば、先述した赤浜村＝蚊爪村の解釈はやはり不自然ではないか。ともかく松寺はこの頃には倉月「庄」とは別に、「村」として単独で行動することが多くあった。

以上、一では、当該期の加賀国倉月「庄」と「村」々の世界への流れに着目し、特にそのなかでの松寺村と周辺の様相を取り上げた。同荘をめぐる複数の領有主体は先述した第一章の通りであり、それらの領域と社会の枠組が在地社会のなかで絡み合いながら、複数の「村」を成したと考えられる。そして、ここではそのように、松寺をめぐる摂津氏領・宝幢寺領の存在、「松寺三ヶ村」の登場をおさえておきたい。

二、般若野荘社会の枠組と「般若野廿四郷」

次に、越中国般若野荘（以下、あわせて【図二】参照）に関しては、『砺波市史』（河合正則氏）や久保尚文氏らの研究に詳しい[21]。まず、文治二年（一一八六）、「内大臣家」（徳大寺実定）が同家領への武士の押妨を源頼朝へ提訴した『吾妻鏡』の記事中[22]に、「般若野庄（比企）藤内朝宗」の動向も記され、それが現在同荘の初見史料となろう。また、領家徳大寺家への文書（『徳大寺家文書』）も数通のこされ、例えば一連の室町将軍家による守護を支配しようとした文書のなかにも、続けて般若野荘のことがみられる。早く明徳四年（一三九三）には、同「庄領家方」への守護使の入部が停止された[23]。なお、これ以前、般若野荘では徳大寺家と武家方とで下地中分が行われたようであり、

【図2】般若野荘内地形図

前者の「領家方」と後者の「地頭方」（後述）の存在が確認される。

さらに、文正元年（一四六六）、十月十三日には足利義政（室町八代将軍）による御判御教書（案）がのこされ、次の史料もそれと一連のものである。

【史料五】畠山政長施行状案（徳大寺家文書）

守護遵行案

徳大寺雑掌申越中国般若野庄段銭・公事・課役幷守護役等事、被免除訖、任去十三日御判之旨、一切可停止使者入部之状、如件、

文正元年十月十七日　判（畠山政長）

遊佐新衛門尉殿（長滋）

さて、【史料五】は、「去る十三日御判の旨（先の義政御教書）に任せて」出された、同十月十七日の越中守護畠山政長の施行状（案）である。すなわち、般若野荘への「段銭・公事・課役幷びに守護役等の事」免除の趣旨が、守護代遊佐（新左衛門）長滋へ出された。なお、同日付で政長施行状（案。遊佐宛）がもう一通、徳大寺家にのこされたが、それは「般若野庄領家方事」と始まる。

さらに、翌十一月十三日には、【史料五】の宛所遊佐長滋より書状（案）が石黒次郎右衛門入道へ出される。すなわち、当該期、越中守護畠山氏の砺波郡守護代に遊佐氏が就き、そのもとで「郡代的立場」「地域統括者」として国人石黒氏がいた。(24) 以上は、幕府から般若野荘在地社会のなかへの、守護による諸役賦課免除の一連の流れをあらわしていよう。また、少し前の般若野荘とその周辺の情勢としては、次の史料にも注目したい。

【史料六】越州棟別注進案（東寺百合文書ヌ函）(25)

いミつこうり（射水郡）の内
くらかけ（倉垣）　かもりやう（賀茂領）
金山　八幡りやう（領）
くゝミなと（久々湊）　八幡りやう
ひゝのきたいち（氷見北市）　大方殿
なかのむら（中村）
まみ（万見）
かみのしやう（上庄）　いせとの（伊勢殿）
はんにやのゝちとう方（般若野地頭）
こいのしやう（五位庄）の東しやう（庄）
こかわとの（小川殿）・いせとの（伊勢殿）ゝ御りやう（領）おほく（多）候
（表書）「越州棟別注進案」
（裏書）「自筆一対」

【史料六】は年次未詳であるが、守護による東寺造営の棟別銭賦課から、応永十九年（一四一二）末頃のものと推定される[26]。まず、ここでは般若野荘の「地頭方」が確認できる。前掲【史料五】等では、同荘「領家方」徳大寺家分の史料がみられたが、一方の「地頭方」がここにみられる。そして、この【史料六】では「射水郡の内」に、般若野（荘）とともに以下の所領が登場する[27]。

まず、くらかけ（倉垣。現射水市）は、賀茂御祖神社領倉垣荘のこととみられる。次に金山（現射水市）は、石清水八幡宮領金山保のことであろうか。さらに、「くくみなと」（久々湊。現射水市）はのちに久々湊村となるところであり、ここも八幡宮領であった。

続いて、「ひひのきたいち」は氷見北市（現氷見市）のこととみられ、ここでの「大方殿」とは、室町四代将軍足利義持の義母日野康子を指すであろう。また、「なかのむら」（中村）は阿努荘（現氷見市）内の地名とみられ、「まみ」（万見。現富山市）は幕府料所、さらに実相院門跡領になる万見保のことであろう。「かみのしやう」（上庄）は、これも阿努荘の一部とみられ、「伊勢殿」は幕府政所執事伊勢氏のことであろう。「こいのしやうの東しやう」は五位荘（現高岡市）東部のことで、これは幕府料所から等持院領への流れが想定される。[28] なお、「こかわ殿・伊勢殿の御領」もこれらにかかわるのではないか。「こかわ殿」は小川殿と思われ、[29] その人物には足利満詮があてられそうだが、詳細は不明である。ともかく、これらも幕府関係の所領と言えよう。

このように、守護による「越州棟別」銭賦課として「射水郡の内」、複数の荘園等・領主がまとめて記載されたのが【史料六】である。そして、その後も康正二年（一四五六）、般若野・般若野荘等への造内裏段銭賦課・納入状況の記録がのこされ、[30] さらに延徳二年（一四九〇）には次の史料がみられる。

【史料七】『蔭凉軒日録』延徳二年七月二十六日

（延徳二年七月）廿六日、不例、天快晴、（略）常徳月忌帰、東瑛（洪暾）和尚来、於客殿対談移剋、上様御料所越中国般若野、昔者京著（着）七百貫文在所、近年者四百九十貫文京著、月充三十貫文京進也、以此在所可有御寄進于常徳也、当年貢者先約在之故、万匹見寄院、以是諸末下等弁之云々、（略）

『蔭凉軒日録』によると、延徳二年当時、般若野荘は「上様御料所」として存在したようである。なお、この「上様御料所」も幕府料所と同じものとみられ、直接的に「上様」は室町将軍足利義政室日野富子を指すであろう。[31]【史料七】ではこの時に、「此の在所を以て常徳に御寄進有るべ」しとあるが、これは富子が室町九代将軍足利義尚（嫡男）の追善料所として、般若野を相国寺常徳院へ寄進したのであろう。(32)

ところで、この頃は、室町幕府のもと五山（派）領荘園の躍進がみられるが、(33)それを受けて伊藤克江氏は、室町期の等持院領を幕府「準御料所」ととらえ、そのなかで政所の管理下で成立する守護請の存在を、越中国五位荘・阿努荘（ともに前掲【史料六】に登場）等を事例に指摘している。(34)そして、こうした五山領と幕府・守護の関係と同様の傾向が、般若野荘にもあてはまるであろう。

なお、次に同じ頃の般若野荘における在地社会の史料を、もう一点みておこう。

【史料八】河面子息旦那売渡状（米良文書(35)）

売渡申旦那之事 内前一貫五百借申候、次にて／以上六貫売申候也、

六貫文者、

右件旦那者、依有用要（要用）、川面殿住（行カ）重代也、巳年より寅年迄十年気（季）売渡申処実正也、在所者越中国般若野廿四郷内
他（地）下一族共一円、何古（処）共引分可参候、返々、於彼旦那違乱煩出来候者、本主（と脱）して道遣可申候、同天（下）ケ一同とくせ（徳政）
い行候共、無相違御智（知）行可有候、仍売渡状如件、

明応六年八月六日　　河面子息（花押）

かい（買）主実報院

この頃の熊野信仰（紀伊国熊野三山）、そこにみえる旦那・御師職、河面（川面）氏・米良実報院のことなどは、『砺波市史』資料編一を参照した。(36)すなわち、当時の熊野参詣者である地方の「旦那」に対して、祈祷・宿泊の場を提供するのが御師職であり、それが「引旦那(37)」に伴う同職の得分につながるという。

さて、【史料八】によると明応六年（一四九七。丁巳年）、同継承者である「河面子息」（養子定光か、同子か）が米良実報院へ、般若野荘「廿四郷内」の旦那引分を十年季で売却した。すなわち、これ以前に河面氏は実報院より借金をし、それに伴う熊野御師職のやり取り（年季売・売買）のなかで「般若野廿四郷」が登場したのである。

なお、ここでの旦那の在所＝「般若野廿四郷」（二十余郷とも）[38]を正確に特定することはできないが、少なくとも当該期は、般若野荘内に熊野御師職・旦那との関係で、さらに細かく「郷」の枠組が登場したことが分かる。そして、この二十数郷がさらに多くの近世「村」へと続くようであり、般若野「庄」における「郷」としては東保郷（現砺波市東保。後掲【史料十一】）・西条郷・定重（貞重）郷・太田郷が、「村」としては柳瀬村（西条郷内。現砺波市柳瀬）、中田村（定重郷内。現高岡市中田）、太田村（太田郷内。現砺波市太田）等が知られる。

以上、般若野荘にはまず、「領家方」（徳大寺家領）と「地頭方」というふたつの空間がみられた。そして、一の倉月荘では複数の荘園領主・領域が確認されたが、般若野荘でもほかに複数の勢力による関与がうかがえた。それは熊野信仰の影響としてもみられ、また同荘の在地・集落は「般若野廿四（余ヵ）郷」、さらに近世の「村」々へとつながる。すなわち、般若野「庄」では「村」への過程や、それとともに複数の空間が確かめられ、それらの並存状態が中世後期における在地社会の特徴として指摘できる。

三、倉月荘と両郡―般若野荘と両郡

さて、すでに本章の冒頭で触れた通り、両荘に共通する事象としては、複数の郡に跨って存在したことがまずあげられよう。すなわち、倉月荘は加賀国河北郡と石川郡、般若野荘は越中国砺波郡と射水郡にわたった（前掲【図一】

と【図二】も参照のこと）。そして、三では、両「庄」内それぞれの社会的枠組を改めて考えるなかで、特に双方が所属するその両郡との関係を考察したい。

ここではまず、一でみた倉月荘に着目しよう。同荘は河北郡と石川郡に所属したと言われるが、(39) 次にその一部を含めた両「郡」記載の史料を一点掲載したい。

【史料九】室町将軍家御教書（南禅寺文書）(40)

南禅寺領加賀国石川・賀（河）北両郡内笠間東保幷苻（府）南御供田・諸江破出・山家散田・荒浦等段銭・臨時課役・守護役以下諸公事、先々被免除訖、早任度々御下知之旨、可被停止使者入部之由、所被仰下也、仍執達如件、

文安五年十二月十五日　右京大夫（細川勝元）（花押）

富樫次郎（成春）殿

（包紙ウハ書）「富樫次郎殿　右京大夫勝元（細川）」

文安五年（一四四八）、室町幕府より加賀国北半国守護富樫成春へ御教書が下された、それがこの【史料九】である。そこでは「南禅寺領加賀国石川・河北両郡」のうち笠間東保（現白山市）、府南社御供田（千木保内。(41) 現金沢市千木町）、諸江破出・山家散田・荒浦等の諸役・御公事が「免除」されており、それを催促する使者の入部を「停止」している。なお、その「免除」の対象とされるうち、諸江破出（現金沢市割出町他）・山家散田等が倉月荘内の地とみられる。

ところで、加賀国河北郡と石川郡の境は浅野川であったと言われるが、(42)【史料九】では笠間東保が石川郡内、府南社御供田が河北郡内にあたる。なお、倉月荘関係で、早くに「郡」記載がある史料はこれのみと思われ、ここではその点にこそ注意しておきたい。倉月荘ではのちに、「加卜（河北）郡蒼（倉）月庄木越」(43)、もしくは「石川郡倉月庄諸江」(44) などとみえ、少なくともその頃、浅野川両岸を跨いであった倉月荘は、河北郡と石川郡の両方に属したことが知

られる。ただし、これら「某郡倉月庄某村（集落名）」の事例とは別に、倉月荘全体がどの郡（もしくは両郡）に属したかをあらわす史料は確認できない。同荘関係史料のうちほかには、「加州河北郡四村　光徳寺廿八日講中」に大浦・木越両集落が、ほかの二「村」とあわせて河北「郡」としてあった事例(45)（本書第二章・三章参照）が知られるくらいである。そして、その大永（一五二一〜八）頃になると、各「村」は自らを覆う枠組として倉月「庄」ではなく、「郡」を重視するのではないか。

一方、二でみた般若野荘の場合も、その二面性は荘域内の問題にとどまらず、砺波郡と射水郡のこととしても注目される。なお、これら両郡の間は当該期、千保川（庄川旧本流）を境界にしたようである。(46)さて、前掲【史料六】では「般若野の地頭方」が、倉垣・金山・久々湊・氷見北市・中村・万見・上庄・五位荘東部等とともに「射水郡の内」として登場したが、それに対して、砺波郡内の記載としても次のような史料がみられる。

【史料十】題未詳識語（金沢文庫古文書）(47)

書本、越後国賀茂長福寺開山長智長老、以御口説［　］

次ノ本云、於越中国都波群（砺波郡）般若野庄西保金屋崇福寺宝幢坊ニシテ（ママ）、弘源御房書写候於、重テ同国糸岡庄七社案養寺談所（ママ）ニシテ、如形筆申ナリ、求法行永房三七三才（ママ）雖悪筆也、後見宗者、「ア（梵字）」字五返若又光明真言廿一返、兼此論議ヲ、一座以興行ニテ自他御初何有候□□□俊顕、

（年紀欠）

【史料十一】東保郷毘沙門堂鐘銘（「諸旧留帳　折橋」(48)）

奉　鋳鐘一口

越中国都波（砺波）郡般若野庄地頭方東保郷毘沙門堂常住

永正三年三月廿八日
願主常福寺秋賢
大工放生津源氏誠吉

なお、『金沢文庫古文書』は鎌倉幕府の北条実時以来の金沢文庫（現神奈川県立）に収蔵された文書群であり、中世文書だけで約七千点、識語（来歴・書写名・年月日等記載）として約三千点等がのこされる。[49]そして、【史料十】はそのうち「題未詳」の識語であり、それによると某書は般若野荘西保金屋（現高岡市戸出西部金屋他。のちの西部金屋村）の崇福寺宝幢坊で弘源が書写したものを、「同国糸岡庄七社（現小矢部市）案養寺談所」でも筆写したという。なお、【史料十】は年紀を欠いているが、その史料時期は延文四年（一三五九）以前と推定されている。[50]

ところで、先述した通り、【史料十】では前掲【史料六】（「射水郡の内　般若野地頭方」）の一方、「越中国都波群（砺波郡）般若野庄西保金屋」とある。さらに、【史料十二】によると、下って永正三年（一五〇六）の鐘銘にも、「越中国都波（砺波）郡般若野庄地頭方東保郷毗沙門堂」と記されていた。そして、般若野荘の所属郡についてはこれらの事例も踏まえ、高森邦男氏と久保尚文氏による見解が知られる。そのうち高森氏は、射水郡の般若野荘「地頭方」と、砺波郡の同荘「領家方」という理解を提示する。[51]一方、久保氏は、般若野荘が当初は射水郡内に属したが、[52]のちに両郡の郡域や、般若野荘の郡所在先が変更したと指摘する。[53]

そして、本章ではこれらの説を踏まえ、次の通りに解釈したい。すなわち、高森氏の見解に対しては【史料十二】、永正三年の「砺波郡—般若野荘—地頭方」の記載・事例をどう考えるか、がやはり疑問である。この頃は一向一揆の動向のもと、同記載も一揆方独自の主張によるものとされたが、果たしてどうであろうか。筆者はむしろ、久保氏が「荘園の成立は国郡制の問題とは自ずから別」とする点[54]を重視し、般若野荘の「領家方」と「地頭方」、砺波郡と射水郡の別は必ずしも一致しないと考える。

一方、久保氏の見解に対しては、般若野荘の所在郡が変更したという事実を史料上確認することは難しく、早くに砺波郡般若野荘を示す【史料十】の扱い方にも無理があろう。倉月荘の例とあわせ考えても、同荘はふたつの郡に跨っていたとみた方がよいのではないか。

その上で、ここでは次の点を確認しておきたい。ひとつめに、般若野荘では全域が「某郡」と並記された同時代史料自体、発見できないことである。この種の史料は全て、荘内の一区域（「地頭方」）か、一集落（「西保金屋」等）関係のものに限られる。ふたつめに、これは基本的なことであるが、般若野荘関係の史料にはそもそも、「郡」を記載したものがあまりないことである。そして、この点は「郡」の問題と「庄」の問題が別次元という、先の久保氏の指摘と通じるところであろう。(55)

また、これらの諸点・特徴は、ほぼ倉月荘の場合にもあてはまる。さらに、三つめに同荘では、複数の「村」活動とともに二「郡」に所属する記載がみられるようになる。すなわち、中世後期、両荘ではともに「村」や「庄」内の一部地域が顕著になるにつれ、「郡」の枠組もあらわれた。そして、荘内の一部と別の一部がそれぞれ異なった郡へと属したのである。

おわりに

本章では、中世後期の倉月荘・般若野荘の事例に着目し、両荘をめぐる社会の枠組を考察して来た。すなわち、当該社会における「庄」「郡」のほか、この頃の倉月荘では複数の領主がそれぞれ一区画を領有する社会が展開し、一方の般若野荘では「領家方」や「地頭方」、「郷」というさらに別の枠組もみられた。

そして、ともにふたつの「郡」に属した、これら両荘園の室町期・戦国期の共通点としては、まずひとつの「庄」から複数の「村」へと変質した点があげられる。そして、同じくひとつの荘に複数の領主と在地勢力が関与し、複雑な領有状況、単一の荘内に複数の空間があった点も指摘できよう。なお、本章では、当該期の社会の枠組をとらえることだけに終始したが、それらの空間は在地社会における現実的活動のなかでこそ成り立ち得た。その実態の多くは今後の課題である。

ところで、倉月荘の場合、複数の領主の存在と、複数の「村」の分立への流れが同じ頃にみられたが、これらは決して前者によって後者が起きた、すなわち荘園の領有状況が複雑化したから「村」が分立した、という関係にはない。むしろそれは逆であり、当該期に「村」が一個一個独立した交渉主体になったからこそ、領主（との関係。その選択肢）(57)も複数存在し得たのである。倉月荘における複数の領域（先述）がそのまま「村」の枠組へとつながったわけではなく、その点は本章で取り上げた「松寺」各村や、前章までにみた「諸江惣村」の事例に明らかであろう。

また、これらの点は般若野荘の場合も同様とみられ、同荘における二種類の空間（「領家方」と「地頭方」）やふたつの郡への所属、また前掲【史料八】では、「庄」から「廿四（余ヵ）郷」へと細分化の動きをみた。そして、ここでもその後の「村」の動向については、なお考察が必要である。

以上、本章でみたふたつの荘園社会では、その一定の範囲のなかで「村」のほか、「庄」や「郡」、そのほか複数種類の枠組が存在、交錯していた。そして、その複雑な社会のなかで様々な在地勢力が接触する様相は、中世後期の荘園・村社会の大きなひとつの流れとして指摘できるのではないか。

【註】

（1）本章では郡・荘園・村、そのほか社会のなかで認識された一定のまとまりを以下、「枠組」として着目し、その際の表記は、「村」や「庄」等括弧書とする。

（2）歴史学研究会日本中世史部会運営委員会ワーキンググループ（稲葉継陽・田中克行ほか）「『地域社会論』の視座と方法」（『歴史学研究』六七四、一九九五年）。

（3）池上裕子「中世後期の国郡と地域」（『日本中近世移行期論』校倉書房、二〇一二年・初出二〇〇〇年）。

（4）稲葉継陽「領域秩序の形成と国郡制」（『日本近世社会形成史論』校倉書房、二〇〇九年・初出二〇〇四年）。

（5）若林陵一「摂津氏領加賀国倉月荘における領有状況の錯綜と在地社会」（『地方史研究』三三五、二〇〇八年。本書第一章）。なお、同荘については、橋本秀一郎「加賀国倉月庄について」（『石川歴史研究』一一、一九六一年）、『金沢市史』通史編一（二〇〇四年）などを参照した。

（6）若林陵一「室町期・戦国期の加賀国倉月荘の「村」々と在地社会」（『加能地域史』五八、二〇一三年。本書第二章）。

（7）蔵持重裕『中世村落の形成と村社会』（吉川弘文館、二〇〇七年）は、当該期の「村落」が意識的につくり出された面を重視する。

（8）若林陵一「近江国奥嶋荘・津田荘における惣村の成立と在地社会の変質」（『歴史』一〇五、二〇〇五年）。

（9）永正十六年一月十日浄正屋敷売券（勝授寺文書）。室山孝「在国する公家たち」（註5『金沢市史』通史編一、第三編三章一節五）。なお、本章の倉月荘関係史料は全て『加能史料』により（あわせて序章【表】参照）、一部は注記した資料・刊本を併用した。

（10）『美吉文書』は、ほか東京大学史料編纂所影写本を併用した。なお、【史料一】の端（省略）には、足利直義による外題安堵ものこされる。

（11）摂津氏と倉月荘、【史料一】などの譲渡については、石田文一「加賀守護富樫氏の誕生」（註5『金沢市史』通史編一、第三編一章二節一）を参照した。

（12）康暦二年六月一日足利義満寄進状案（鹿王院文書）（鹿王院文書研究会編『鹿王院文書の研究』）、康暦二年六月二日管領斯波義将施行状（同）。
（13）永徳二年十二月十五日春屋明葩管領寺院等目録（鹿王院文書）。
（14）永享七年三月日宝幢寺・鹿王院寺領目録（鹿王院文書）。
（15）『日本歴史地名大系一七　石川県の地名』（平凡社、一九九一年）、『金沢市史』資料編十三（一九九六年）。
（16）『蔭涼軒日録』はほか『増補　続史料大成』を併用した。
（17）康正元年十二月二十一日足利義政御判御教書（美吉文書）。
（18）文明十年五月二十八日足利義政御判御教書（鹿王院文書）。
（19）『金沢市史』資料編二（二〇〇一年）。
（20）註14宝幢寺・鹿王院寺領目録。
（21）河合久則「徳大寺家領般若野庄について」（『砺波市史』一九六五年）、久保尚文「般若野荘の成立」（『かんとりい』九、一九八六年）、『砺波市史』資料編一（一九九〇年。河合久則氏担当分）。
（22）『吾妻鏡』文治二年六月十七日（『新訂増補　国史大系』）。
（23）明徳四年五月三日足利義満御内書案（徳大寺家文書）（『砺波市史』資料編一）。応永十五年十月十日足利義持御判御教書案（同）、永享十二年六月十一日足利義教御判御教書案（同）。
（24）註21『砺波市史』資料篇一、上杉和彦「鎌倉期越中国の徳大寺家領荘園について」（鎌倉遺文研究会編『鎌倉遺文研究Ⅰ　鎌倉時代の政治と経済』東京堂出版、一九九九年）、久保尚文「越中国徳大寺家領雄神荘と石黒氏・遊佐氏」（『砺波散村地域研究所研究紀要』二五、二〇〇八年）。
（25）『東寺百合文書』は『砺波市史』資料編一によった。

(26)高森邦男「畠山氏の領国越中と棟別銭収取について」(『富山史檀』九一、一九八六年)。応永十九年十月二十二日管領細川満元書下案(東寺百合文書ツ函)。なお、同年の東寺造営棟別銭の徴収については註3池上論文も触れている。

(27)以下、註26高森論文、『日本歴史地名大系一六　富山県の地名』(平凡社、一九九四年)を参照のこと。

(28)なお、等持院領「五位庄半分」や同阿努荘上庄・中村のことは、伊藤克江「等持院領の支配方式について」(『富山史檀』一三一、二〇〇〇年)を参照した。

(29)『満済准后日記』応永十八年一月二十八日(『大日本史料』第七編)、同応永二十年三月二十三日など。

(30)「康正二年造内裏段銭幷国役引付」(『群書類従』巻第五百一)(『群書類従』二八)。註21『砺波市史』資料編一。

(31)『大日本史料』第八編之三七(一九九八年)。なお、註21『砺波市史』資料編一は、【史料七】の「上様」を義政妾(徳大寺家出身)に比定する。しかし、【史料七】の「上様御料所越中国般若野」は「地頭方」(先述)とあり、この時点で徳大寺家との関係が不可欠であったわけではない。

(32)なお、東瑛洪暾は相国寺妙厳軒主であり、ほかにも『蔭凉軒日録』に登場する。蔭木英雄編『蔭凉軒日録索引』(臨川書店、一九八九年)。

(33)今谷明「室町幕府の財政と荘園政策」(『室町幕府解体過程の研究』岩波書店、一九八五年・初出一九七五年)。

(34)註28伊藤論文。

(35)『米良文書』は『史料纂集　熊野那智神社文書』により、ほか『砺波市史』資料編一を併用した。

(36)註21『砺波市史』資料編一。

(37)明応八年六月一日河面盛祐旦那売渡状(米良文書)。

(38)註21『砺波市史』資料編一。

(39)註5橋本論文、註15『日本歴史地名大系一七　石川県の地名』、浅香年木「加賀国」(『講座日本荘園史』六、吉川弘文館、一九九三年）。
(40)『南禅寺文書』は櫻井景雄・藤井学編『南禅寺文書』を併用した。
(41)応永二十一年十月七日加賀守護富樫満成書下案（南禅寺文書）。
(42)註15『日本歴史地名大系一七　石川県の地名』。
(43)文明三年六月二十五日親鸞絵伝（珠洲市西光寺所蔵）。
(44)天文十二年一月十三日方便法身尊像裏書（正覚寺文書）。
(45)四月一日本願寺実如書状（光徳寺文書）。木越祐馨「本泉寺蓮悟と一揆衆」（註5『金沢市史』通史編一）。
(46)註21久保論文、註27『日本歴史地名大系一六　富山県の地名』。
(47)『金沢文庫古文書』は『金沢文庫古文書』識語篇を併用した。
(48)【史料十二】は『砺波市史』資料編一によった。なお、同書でこの史料名は「常福寺鐘銘」としているが、ここでは単に毘沙門堂の鐘銘とのみ表記しておく。
(49)石井進「かねざわぶんこもんじょ　金沢文庫文書」（『国史大辞典』第三巻、吉川弘文館、一九八二年）。
(50)註21『砺波市史』資料編一。
(51)高森邦男「畠山氏の領国越中と棟別銭収取について」（『富山史檀』九一、一九八六年）。
(52)註21久保論文。なお、久保尚文「室町時代における越中の郡界について」（『両越地域史研究』一、一九八八年）は、さらにそれ以前の般若野荘は一度砺波郡に属したと考えているようであるが、詳細は不明である。
(53)また、久保氏によると、近世の当地加賀藩領支配体制下、般若野荘の地頭方と領家方の別は河川の上流域・下流域によったという。この点、久保尚文「徳大寺家領般若野荘の還付問題」（『越中中世史の研究』桂書房、一九八三年）も参照した。
(54)註53久保「室町時代における越中の郡界について」。あわせて筆者は、久保氏が郡界変更の可能性を指摘している点もおさえたい。

(55) そして、この点をつきつめて考えることで、「はじめに」で触れたような「地域社会」の広がりと制度的枠組との接点もみえて来るのではないか。

(56) なお、ふたつの郡にまたがった事例としては、倉月荘や般若野荘のほか、近くでは能登国町野荘(鳳至郡・珠洲郡)が知られる。浅香年木「能登国」(註39『講座日本荘園史』六)。同荘については本書付章三で取り上げたい。

(57) 註8拙稿。

付章二　越中国般若野荘における社会の枠組

はじめに

徳大寺家領として知られる越中国般若野荘は現在の高岡市中田〜砺波市庄川町三谷のあたりに位置し（次頁の【図】参照）、その成立は越中知行国主徳大寺実能・公能父子のもとでのことと思われる。(1) そして、以下で述べる通り、中世後期に同荘の社会をめぐっては、「郡」「庄」「郷」「村」などの枠組が錯綜・存在したが、この付章二ではそうした各枠組に着目する。

なお、般若野荘に関してはこれまで、河合久則氏による概説、関係史料の収集・解説、(2) 久保尚文氏による徳大寺家領荘園としての成立過程や構造、在地勢力について論じた研究、(3) 高森邦男氏による室町幕府の棟別銭賦課のなかで同荘・周辺社会の様子を論じた研究、(4) 上杉和彦氏による徳大寺家領・越中国における在地勢力石黒氏を論じた研究など(5)がある。また、後述する通り、近年では般若野荘が他地域の荘園・社会とあわせて取り上げられる研究も多い。(6) これらの成果に学びながら、以下それぞれの枠組が同荘を舞台にどのようにあらわれ、当時の社会がどう展開したのかを考えたい。

一、般若野荘「領家方」と「地頭方」

中世後期、各地の荘園では「下地中分」が進められた。般若野荘でも荘内が「領家方」と「地頭方」へ分けられ、

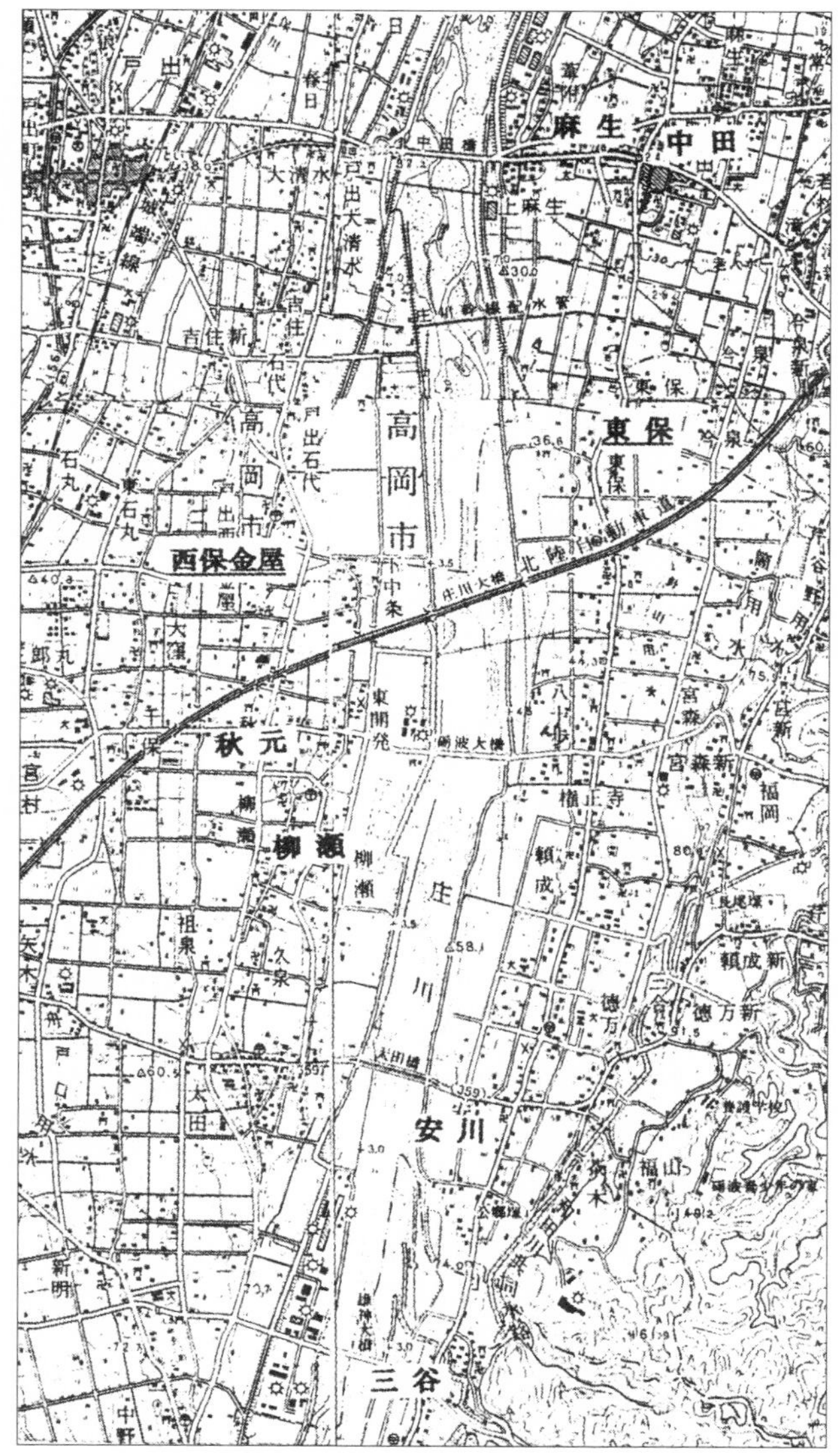

【図】般若野荘の全域

後述する通り明徳四年（一三九三）にそのうち同「領家方」が初めてあらわれる。なお、双方の境界は特定できないが、「ヂトホ」の呼称がのこされる現砺波市秋元（速恩寺）を含む同荘北部が地頭方であり、一方領家徳大寺家の墓地とされた薬勝寺（現砺波市安川。臨済宗）のある南部が領家方と思われる。(7)

この徳大寺家に関係する文書が数通のこされる。ここでは、いくつかをみてみたい。

【史料一】足利義満御内書案（徳大寺家文書）(8)

鹿苑院殿御書案

御家領越中国般若野庄領家方守護使不入事、任先規令下知候了、雖向後役夫工米以下国役等、不可有違乱者也、恐々謹言、

明徳四

五月三日　　　御判（足利義満）

徳大寺殿

まず、【史料一】は明徳四年（一三九三）の室町将軍家足利義満御内書であり、徳大寺「家領越中国般若野庄領家方」への守護使入部、伊勢神宮役夫工米以下「国役」（一国平均役など）の徴収、「違乱」を禁じたものである。

なお、その後応永十五年（一四〇八）、「任明徳四年五月三日御下知（【史料一】）之旨、国役免除」され、(9)永享十二年（一四四〇）にも同じ趣旨で室町将軍家足利義教の御教書が続く。(10)すなわち、室町期になると守護勢力・武家による荘園への入部が増えたが、そのなかで般若野荘は「守護不入之地」であると領家方が主張している。

ところで、徳大寺家領荘園としてはほかに、越中国宮河（川）荘（現富山市婦中町）などが知られる。(11)そして、宮河荘でも文和三年（一三五四）、「守護入部」が停止されたり、(12)応永二十一年に「半済」分が徳大寺家へ返付され

たりした。[13] また、越中国へはのちに「領家方」の徳大寺実淳・実通が下向する。[14] その件と類似しては、室町期の同じく公家領荘園として知られる九条家領和泉国日根荘（現大阪府泉佐野市）の事例が有名である。同荘には文亀元年（一五〇一）～永正元年（一五〇四）の間、前関白九条政基が下向・滞在していたことが知られる。[15]

なお、徳大寺実通は天文十四年の下向時に現地で殺害される。[16] その話と薬勝寺（先述）・周辺にある親王塚・公卿塚（九人塚）が関連した可能性が高い。[17]

【史料二】遊佐長滋書状案（徳大寺家文書）

遊佐新右衛門尉折紙案

当郡般若野庄領家方之事、直務幷不入被成御判候、仍御遵行案文下之候、此旨可有存知候也、謹言、

（文正元年）十一月十三日　（遊佐）長滋　在判

石黒次郎右衛門入道殿

続いて【史料二】は、文正元年（一四六六）に般若野荘領家方について、徳大寺家の「直務」や守護役等の「免除」が認められたものである。この時も【史料一】と同様に室町将軍家足利義政の御教書[18]が発給され、それを受けて越中守護畠山政長施行状、[19] さらに守護代（砺波郡）遊佐長滋から国人石黒次郎右衛門入道へ【史料二】が出されたのである。

なお、石黒氏は砺波郡における現地を掌握・支配した有力者であり、[20] 当時は般若野荘領家方にも、守護請のもと代官石黒氏がかかわったのではないか。[21] それに対して徳大寺家は領家方の「直務」と、そこが「守護（使）不入」の地になることを希望し、それを認めた命令が幕府から在地社会のなかへ下されたのである。

このように【史料一・二】では般若野荘「領家方」への守護勢力の動向がみられたが、一方、同荘「地頭方」の様子は次の史料からうかがえる。

【史料三】越中国棟別注進案（東寺百合文書ヌ函）

いミつこうり（射水郡）の内
くらかけ（倉垣）　かもりやう（賀茂領）
かな山（金）　八幡りやう（領）
く丶ミなと（久々湊）　八幡りやう
ひ丶のきたいち（氷見北市）　大方殿
なかのむら（中村）
まみ（万見）
かみのしやう（上庄）　いせとの（伊勢殿）
はんにやの丶ちとう方（般若野地頭）
こいのしやう（五位庄）の東しやう（庄）
こかわとの（小川殿）・いせとの（伊勢殿）丶御りやう（領）おほく（多）候
（表書）「越州棟別注進案」
（裏書）「自筆一対」

【史料三】は東寺による棟別銭賦課の目録であり、年次は記されていないが、応永二十年（一四一三）かもしくは前年のものとみられる。(22)

ここでは「射水郡の内」として賀茂御祖神社領「倉垣」保（現射水市東部・富山市西部）、石清水八幡宮領「金山」保（現射水市青井谷）、同領「久々湊」（現射水市久々湊）などがみられる。また、「ひ丶（氷見）のきたいち（北市）」

以下は幕府御料所の類と考えられ、そのうち「大方殿」は紀良子（室町将軍家足利義満生母）、「伊勢殿」は幕府政所執事伊勢氏、「こかわ（小川）殿」は足利満詮（義満実弟）のこととされる。[23] 一方、同じく「なかのむら（中村）」（大方殿領分）や「かみのしやう（上庄）」（伊勢殿領分）は阿努荘（現氷見市加納）内の一部とみられ、[24] そのほか「まみ（万見）」保（大方殿領分。現富山市駒見）や「こいのしやう（五位庄）」（伊勢殿御料分。現高岡市福岡町）[25] などの名前が確認される。

【史料四】『蔭凉軒日録』延徳二年七月二十六日[26]

廿六日　不例、天快晴、（略）常徳（足利義政）月忌帰、東瑛和尚来、於客殿対談移剋、上様御料所越中国般若野、昔者京著七百貫文在所、近年者四百九十貫文京著、月充三十貫文京進也、以此在所可有御寄進于常徳也、当年貢者先約在之故、万匹見寄院、以是諸未下等弁之云々、（略）

さらに、延徳二年（一四九〇）の【史料四】では、般若野荘は「上様御料所」として登場する。これも般若野荘のうち武家方（「地頭方」）と関連すると思われる。前掲【史料三】の「伊勢殿」領分に続くものであろうか。なお、「上様」とは高貴な身分の人の尊称で、[27] この「上様」を将軍家の妾とする解釈も知られるが、[28]「常徳に御寄進有るべ」き背景[29] なども踏まえ、ここでは将軍家のことを指すと判断したい。

以上、一では般若野荘をめぐる領有状況のあり方をみた。すなわち、同荘では明徳四年（一三九三。前掲【史料一】）以前に下地中分が行われ、その後の荘内には徳大寺家＝「領家方」（南部）と武家＝「地頭方」（北部）の影響、ふたつの空間が確認された。[30]

二、ふたつの「郡」と般若野荘

一では、般若野荘の「領家方」と「地頭方」、ひとつの荘園に二種類の空間が確認された。ただし、この頃の般若野荘をめぐる複数の空間は、荘内の問題だけにとどまらなかった。二ではより広い「郡」の枠組とともに般若野荘について考察したい。

【史料五】題未詳識語（金沢文庫古文書）(31)

書本、越後国賀茂長福寺開山長智長老、以御口説［　］

次ノ本云、於越中国都波群（砺波郡）般若野庄西保金屋崇福寺宝幢坊ニシテ（ママ）、弘源御房書写候於、重テ同国糸岡庄七社案養寺談所ニシテ（ママ）、如形筆申ナリ、求法行永房三七三才（ママ）雖悪筆也、後見宗者、「ア」（梵字）字五返若又光明真言廿一返、兼此論義ヲ一座以興行ニテ、自他御初何有候□□□俊顕、

（年紀欠）

まず、【史料五】は、「題未詳」の写本識語（来歴・書写名・年月日など記載）である。(32)史料の時期は延文四年（一三五九）以前と考えられ(33)、越後国賀茂長福寺（現新潟県加茂市）開山長智長老の口説をであろうか、「砺波郡般若野庄西保金屋」の崇福寺宝幢坊で弘源御房が書写したとある。なお、般若野荘西保金屋はのちの西部金屋村のことであろう。

【史料六】常福寺鐘銘（折橋家所蔵『諸旧留帳』）

奉　鋳鐘一口

越中国都波郡（砺波）般若野庄地頭方東保郷毘沙門堂常住

永正三年三月廿八日

願主常福寺秋賢

大工放生津源氏誠吉

続いて【史料六】の鐘銘は、旧十村折橋家所蔵『諸旧留帳』にみられる。[34]それには寛文元年（一七四〇）、庄川洪水の際に下中条村の肝煎倅らが発見した梵鐘の銘文に、永正三年（一五〇六）の年次と、「都波（砺波）郡般若野庄地頭方東保郷毘沙門堂常住」の名前などが記載してあったという。般若野荘東保郷はのちの東保村である。

なお、この常福寺は現砺波市大窪にある同名の寺院（真宗本願寺派）などとは異なり、現在は廃寺と考えられる。[35]そして、毘沙門堂は常福寺境内にあったとみられ、鐘の願主がその常住秋賢であった。さらに、大工は放生津（現射水市放生津町）の者とあるが、ここは般若野荘から京都への年貢輸送のルート上にあった。放生津は港湾都市・政治都市として栄えた所であり、[36]日常的には般若野荘との往来なども展開されたのではないか。

ところで、【史料六】の砺波「郡般若野庄地頭方」や前掲【史料三】でみた「射水郡のうち…般若野地頭方」という記載からは、それぞれ般若野荘をめぐる射水郡と砺波郡の存在がうかがえる。そして、この般若野荘所属の郡について、高森邦男氏は砺波郡と「領家方」の一方、【史料三】から射水郡＝「地頭方」という理解を示している。[37]なお、【史料六】の記載（砺波郡「地頭方」）は、永正三年時の一向一揆のもと「政治的・軍事的主張」に影響された特別なものとする。

一方、久保尚文氏は同地頭方・領家方の別は河川の上流域・下流域によるもので、室町期に両郡の郡域が変更した結果、般若野荘所属の郡も射水郡から砺波郡になったと指摘する。[38]すなわち、般若野荘に関してはふたつの郡にまたがっていたという高森氏の説と、その所属先・郡域が変更したという久保氏の説とが存在する。しかし、般若野荘が所属する郡、郡域が変更したという見解は、直接的論証が不十分と思われる。ふたつの郡にまたがったひとつの荘という事例が近くでほかに複数確認できる点[39]も踏まえると、筆者は般若野荘の所属する郡という問題では高森氏説（射水郡・砺波郡に両属）に従いたい。

ただし、「庄」と「郡」をそれぞれ社会の枠組とみた場合、双方は次元が異なるものであったと久保氏[40]が考える点には注意したい。すなわち、般若野荘の場合、郡と「領家方」「地頭方」の問題は同一線上に理解できず、従って般若野荘「地頭方」＝射水郡、同「領家方」＝砺波郡と断定することはできない。【史料六】で当該地域における一向一揆の展開については今後の課題であるが、砺波郡と「地頭方」のような組み合わせも十分あり得たのではないか。

以上、二では般若野荘をめぐるふたつの「郡」＝射水郡と砺波郡について先行研究の成果に学び、考察した。その結果、中世後期の同荘に関係する枠組のひとつとして、射水・砺波両「郡」をあげることができよう。般若野荘においては領家方・地頭方とは別に、射水郡・砺波郡の枠組も存在した。

三、般若野荘と熊野御師・「般若野廿四郷」

三では、般若野荘をめぐる枠組に別の視点からもう少し考察を加えよう。まず、その問題と関連して熊野社・熊野御師関係の史料を掲げたい。

【史料七】河面子息旦那売渡状（米良文書）[41]

売渡申旦那之事内前一貫五百借申候、次にて以上六貫売申候也、

六貫文者、

右件旦那者、依有用要（要用）、川面殿住（ママ）重代也、巳年より寅年迄十年気（期）売渡申処実正也、在所者越中国般若野廿四郷内
他（地）下一族共一円、何古（故）共引分可参候、返々於彼旦那違乱煩出来候者、本主（ママ）して道遣可申候、同天ケ（下）一同行候共、
無相違御智（知）行可有候、とくせい（徳政）仍売渡状如件、

明応六年八月六日　　河面子息（花押）

かい（買）主実報院

この【史料七】は明応六年（一四九七。巳年）、熊野御師である「河面子息」が実報院へ般若野荘（「般若野廿四郷内」(42)）の旦那職を売却した証文である。なお、翌々年（明応八年）にも河面盛祐が金蔵坊門弟へ同職を売却するが、そこに本職は（先に）「一円ニ実報院江売申候内、半分帰申候を売渡申候」とある。(43)そして、続けてもう一点みておきたい。

【史料八】河面盛祐旦那職売渡状（米良文書）

川面殿越中国旦那持の分一円
一、名字いせき（井関）・さくらい（桜井）　一、地頭之かの（狩野）　一、こんと（近藤カ）
一、ふたこつか（二ヶ塚）のおりはし（折橋）殿　一、よこえとう（横江党）
一、先達禅証寺　金蔵坊　宝蔵坊
一、滝之尾寺一円
河面重代相伝之物也、実報院（江）得本銭返ニ売申候、徳政ニ半分返候分て候、
越中之国般若野廿四郷之内、

文亀四年三月廿一日　盛祐（河面）（花押）

【史料八】は文亀四年（一五〇一）、河面盛祐が実報院へ越中国の旦那職（「旦那持の分」）を売り渡したもの（「本

銭返」あり）である。対象はここでも「般若野廿四郷の内」とあり、具体的には「名字」や「先達」などが記される。なお、そのうち「地頭の狩野」は先述した応永十九年（一四一二）、東寺造営料棟別銭の一請負主としてみえる「般若野狩野新左衛門入道殿」[44]の子孫かもしれない。同じく「二ヶ塚の折橋殿」は現砺波市増山地区を勢力圏とした土豪、「横江党」は般若野荘内・安川のあたりにできた土豪らの集団と考えられる。[45]

ところで、紀伊国熊野三山[46]（本宮・新宮・那智。現和歌山県田辺市・新宮市・東牟婁郡那智勝浦町）では熊野御師が各地で「旦那」を募り、「先達」がその熊野参詣を案内したという。すなわち、熊野と各地を結ぶのが旦那職であり、そのもとで【史料七・八】の「般若野廿四郷」への動きもあったのであろう。なお、地方における熊野信仰展開の事例としては同じく陸奥国名取郡熊野神社（現宮城県名取市）の事例などが知られる。[47]

また、「般若野廿四郷」は般若野荘における二十四郷とも、もしくは「廿余郷」とも考えられるが[48]、どちらにせよ前掲【史料六】でみた東保郷がそのひとつであろう。「砺波郡般若野西条之郷柳瀬村」[49]や砺波郡般若野荘麻生郷（のち上麻生村・下麻生村へ）[50]、砺波郡般若野荘定（貞）重郷中田村[51]も同じ単位とみられる。そして、これら二十数郷が近世以降の当地における「村」々（中田・上麻生・下麻生・東保・西保（部）金屋・秋元・柳瀬・安川等）へとつながる（もしくは複数村を包摂）のではないか。

なお、【史料七・八】にみえる熊野社の般若野への接し方は、先にみた荘園支配の土地的なもの（徳大寺家領般若野荘）とは異なると考えられる。すなわち、ここでは般若野における「地下一族」や「名字」の者など人的な把握がなされており、集団・寺社などもその延長のものとして評価できよう。そして、これは筆者が以前みた、近江国奥嶋荘（現滋賀県近江八幡市）の王家による供御人編成や、延暦寺東法華堂による寄人編成のあり方（「土地的支配」とは別に「人的支配」[52]）と類似したものと言える。

以上、先の般若野荘の二種類の空間や二郡への所属だけでなく、三では「庄」における「廿四（余ヵ）郷」の存在に着目した。そして、これは中世後期、般若野荘の在地社会における異なった枠組の錯綜、徳大寺家や熊野社など複数種類（土地的と人的）の支配、住人らの把握が展開するなかでのことであった。

おわりに

さて、中世後期、各地の荘園社会では色々な村の活動がみられた。そして、般若野荘の場合、その社会はふたつの郡のなかで、複数の郷もからめて展開された。

それらの点を踏まえて当該期荘園村落の特色をまとめると、ひとつめに領有状況の複雑化、複数の領主が散在する傾向がみられ、般若野荘の場合、それは諸勢力の進出や、「領家方」「地頭方」など空間の並存として確認された。ふたつめに、さらに複数の領有次元・社会的枠組がみられるようになり、般若野荘（「庄」）の場合、それは「郡」との接触や土地的・人的支配、把握のしかたとしてあらわれた。三つめに、そのなかで複数の「郷」や「村」が成立し、のちに各「村」の枠組は多く現代の集落へと継承される。そして、この点も般若野荘の場合に共通する。[53][54]

これら三つの流れのように、般若野荘は、付章二でみた中世後期荘園・村社会の実態をあぶり出す上で恰好の素材と言えよう。そして、ここでは特に般若野荘の社会にかかわって様々な規模・性質の枠組（「郡」「庄」「郷」など）を取り上げることができた。[55]なお、その後同荘にできた「村」々の動きや、地域に密着してさらに考察したい事象もあるが、それらは今後の課題としたい。

【註】

(1)『吾妻鏡』文治二年六月十七日。本章で引用する史料は註記するもの以外、主に『砺波市史』資料編一(一九九〇年)によった。
(2)河合久則「徳大寺家領般若野庄について」(『砺波市史』一九六五年。以下A論文)、河合「徳大寺家領般若野荘について」(註1『砺波市史』資料編一。以下B論文)。
(3)久保尚文「般若野荘の成立」(『かんとりい』九、一九八六年。以下A論文)、久保「越中国徳大寺家領雄神荘と石黒氏・遊佐氏」(『砺波散村地域研究所研究紀要』二五、二〇〇八年。以下B論文)。
(4)高森邦男「畠山氏の領国越中と棟別銭収取について」(『富山史壇』九一、一九八六年)。
(5)上杉和彦「鎌倉期越中国の徳大寺家領荘園について」(鎌倉遺文研究会編『鎌倉時代の政治と経済』東京堂出版、一九九九年)。
(6)大山喬平「越中の庄・郷・村」(『日本中世のムラと神々』岩波書店、二〇一二年・初出二〇〇三年)、山田徹「室町期・越中国の荘郷と領主」(東寺文書研究会編『東寺文書と中世の諸相』思文閣出版、二〇一一年)。
(7)註2河合A論文、河合B論文。
(8)『徳大寺家文書』は、『富山県史』史料編二によった。
(9)応永十五年十月五日足利義持御判御教書案(徳大寺家文書)。
(10)永享十二年六月十一日足利義教御判御教書案(徳大寺家文書)。
(11)天文二年十月二十日徳大寺家当知行目録(徳大寺家文書)。註2河合A論文、註3久保B論文。
(12)文和三年十二月二十三日足利義詮御判御教書案(徳大寺家文書)。
(13)応永二十一年五月三十日室町幕府御教書案(徳大寺家文書)。
(14)註2河合A論文、河合B論文。
(15)『新修　泉佐野市史』第五巻(二〇〇一年)。なお、政基が日根荘の現地へ滞在していた間に書きのこされた日記が『政基公旅引付』

〔中世公家日記研究会編『政基公旅引付』〕であった。

(16)『言継卿記』天文十四年四月十五日、『続史愚抄』天文十四年四月九日。

(17)尾田武雄「中世石像遺物　薬勝寺南墓地」(『砺波市史』資料編一、一九九〇年)、佐伯安一編『薬勝寺誌』(一九九三年)。なお、安川を含む四ヶ村の般若野荘とのかかわりを述べたものに佐伯「四ヶ村用水と般若野荘の古水利」(『砺波散村地域研究所研究紀要』一二、一九九五年)がある。

(18)文正元年十月十三日足利義政御判御教書案(徳大寺家文書)。

(19)文正元年十月十七日畠山政長施行状案(徳大寺家文書)。

(20)註2河合B論文、註5上杉論文。

(21)註3久保B論文。

(22)註4高森論文、註2河合B論文、註6山田論文。なお、応永十九年十月二十二日細川満元施行状案(東寺百合文書ツ函)では、「東寺造営棟別」銭の賦課が「般若野　狩野新左衛門入道」らへなされている。

(23)『満済准后日記』応永二十年三月二十四日(『続群書類従』補遺一)。註4高森論文。なお、高森氏らは当初、大方殿を日野康子に比定していたが、註6山田論文はこれを紀良子とし、筆者もそれに従った。

(24)註6大山論文。なお、同荘については伊藤克江「等持院領の支配方式について」(『富山史壇』一三一、二〇〇〇年)も参照した。

(25)五位荘は相国寺領として知られ、その東半分がこの頃武家領であったとみられる。

(26)『蔭凉軒日録』(『増補　続史料大成』)は相国寺蔭料職による日々の記録からなる。飯倉晴武『日本史小百科　古記録』(東京堂出版、一九九八年。「蔭凉軒日録」の項)。

(27)『日本国語大辞典　第二版』第二巻(小学館、二〇〇一年)。

(28)河合久則氏はこの場合、徳大寺家出身の将軍足利義政妾の可能性を指摘したが、**【史料四】**は「地頭方」のことであり、必ずしも徳大寺家との関係を考慮する必要はない。註2河合A論文、河合B論文。

(29) 将軍足利義尚は相国寺常徳院へ埋葬された。小泉宜右「足利義尚」(『国史大辞典』第一巻、吉川弘文館、一九七九年)。

(30) 似鳥雄一氏は備中国新見荘を事例に、在地における領家方・地頭方それぞれの変遷、代官の動向を追究し、下地中分を経た荘園に関して、領家方・地頭方の状況双方を踏まえた総合的理解の必要性を指摘する。似鳥雄一「下地中分後の室町期荘園」(『中世の荘園経営と惣村』吉川弘文館、二〇一八年・初出二〇一四年)。

(31) 『金沢文庫古文書』は鎌倉幕府、北条実時以来の金沢文庫(現神奈川県立)に収蔵された文書群のことで、ここでは『金沢文庫古文書』識語篇によった。

(32) 『金沢文庫古文書』は中世文書だけで約七〇〇〇点、識語は約三〇〇〇点などがのこされる。石井進「金沢文庫文書」(『国史大辞典』第三巻、吉川弘文館、一九八二年)。

(33) 註2河合B論文。

(34) 註2河合A論文、河合B論文。

(35) 註2河合B論文。

(36) 註3久保A論文、久保B論文。

(37) 註4高森論文。

(38) 久保尚文「室町時代における越中の郡界について」(『両越地域史研究』一、一九八八年)。

(39) 同様の事例は加賀国倉月荘や能登国町野荘のほか、註4高森論文によると、【史料三】のうち万見保・五位荘もふたつの「郡」にまたがって存在した。

(40) 註38久保論文。

(41) 『米良文書』(『史料纂集　熊野那智大社文書』)は実報院の社僧米良氏に伝えられた文書群である。伊藤正敏「米良文書」(『国

史大辞典』第十三巻、吉川弘文館、一九九二年)。

(42)「般若野廿四郷」については註6大山論文が般若野「庄」とともに言及している。

(43)明応八年六月一日河面盛祐旦那売渡状(米良文書)。

(44)註22細川満元施行状案。

(45)註2河合B論文。

(46)堀純一郎「熊野三山領荘園」(山陰加春夫編『きのくに荘園の世界』下巻、清文堂出版、二〇〇二年)。

(47)高橋修「名取熊野社の中世」(東北中世考古学会編『中世の聖地・霊場』高志書院、二〇〇六年)。同社・名取郡に関しては、筆者も「陸奥国名取郡をめぐる中世的郡、在地社会のあり方」(『六軒丁中世史研究』一三、二〇〇八年)で取り上げた。

(48)註2河合B論文。

(49)文亀元年三月十五日阿弥陀絵像裏書(万遊寺蔵)。註2河合A論文。

(50)天正十一年八月二十日知行方目録(新田家文書)。『日本歴史地名大系一六　富山県の地名』(平凡社、一九九四年)。

(51)『中田町誌』(一九六八年。「むかしの中田　1郷土の夜明け」)。

(52)若林陵一「近江国奥嶋荘・津田荘における惣村の成立と在地社会の変質」(『歴史』一〇五、二〇〇五年)。

(53)以下、当該期の荘園・村落の特色をあげる上で、特に榎原雅治『日本中世地域社会の構造』校倉書房、二〇〇〇年)、蔵持重裕『中世村落の形成と村社会』(吉川弘文館、二〇〇七年)を参照した。

(54)例えば、先述した般若野荘西保金屋(西部金屋村)が現在の高岡市戸出西部金屋、同東保郷(村)が現砺波市東保、同柳瀬村が現砺波市柳瀬、同中田村が現高岡市中田にそれぞれつながっていく。

(55)註6大山論文も般若野荘を含む中世越中国各郡における「庄」「郷」「村」を取り上げたが、本章では特に十四〜六世紀の同「庄」をめぐる両「郡」や二十数「郷」の位置付けに着目した。

【追記】般若野荘に関しては本章の初出（『富山史壇』一八五、二〇一八年二月）以降に、黒田智「薬勝寺大般若会と越中国般若野荘」（海老澤衷編『よみがえる荘園　景観に刻まれた中世の記憶』勉誠出版、二〇一九年）、亀ケ谷憲史「室町期般若野荘地頭方の代官支配の変遷」（『富山史壇』一九四、二〇二一年）が発表された。

付章三　能登国町野荘をめぐる郡と地域

はじめに

能登国町野荘(1)は、現在の石川県鳳珠郡能登町（旧柳田村）から輪島市東部の方に含まれ、古くは鳳至郡・珠々（洲）郡（奥能登二郡）内に当たった。なお、その範囲は町野川上流域の谷田地帯・山方から下流域の沖積平地、河口浦方にまで至るが、能登国鳳至郡と珠々郡はまず町野川を境界にしたとみられる。(2)以下、付章三の関係箇所の地形図として、あわせて【図一・二】

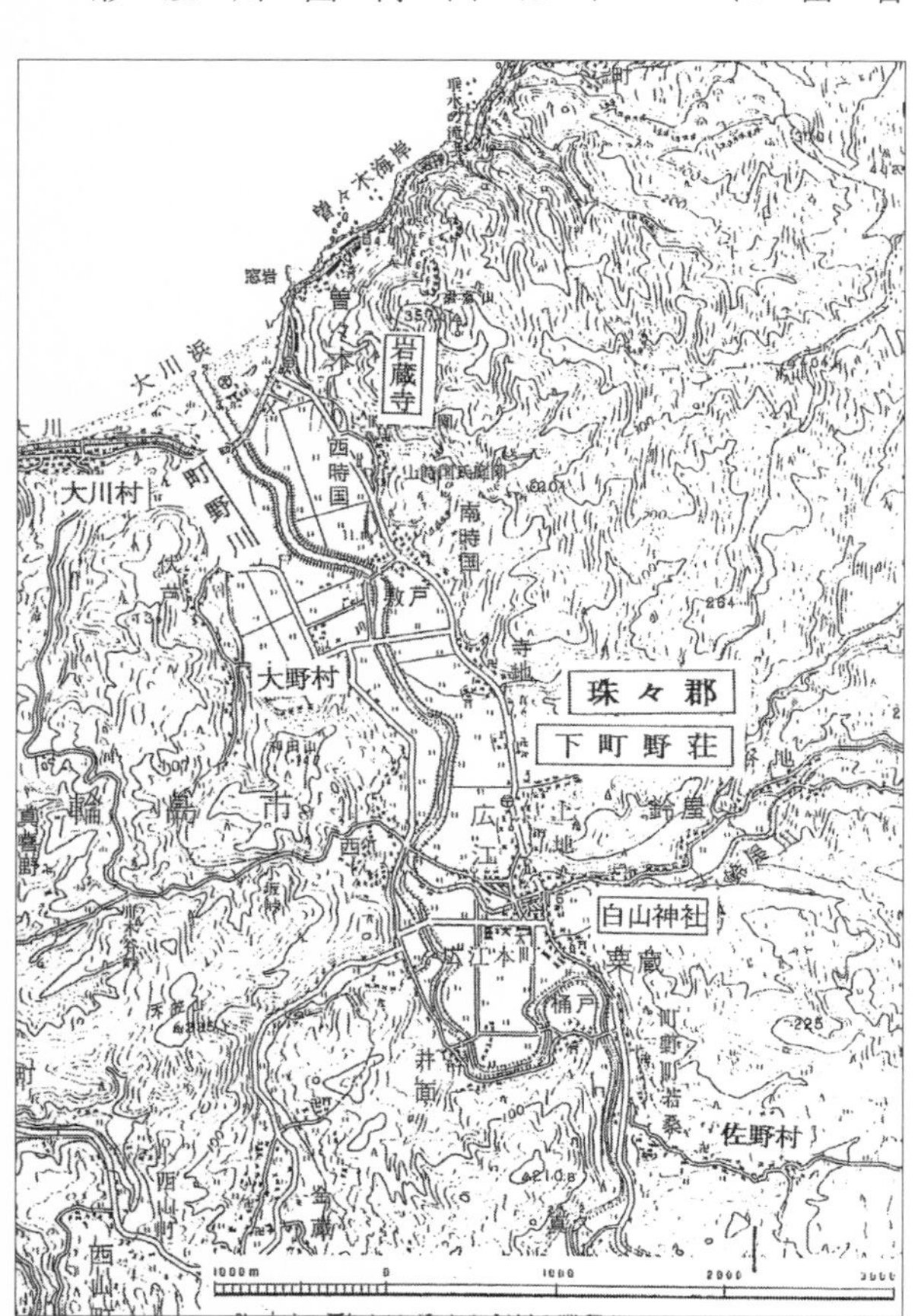

【図1】町野荘内地形図Ⅰ

を参照していただきたい。[3]

町野荘はまず、『和名類聚抄』鳳至郡待野郷の範囲を継承し、成立したとみられる。康治二年（一一四三）時に能登国若山荘（後述）の四至のひとつとして登場し、[4]その時は「西限町野院境山」と呼称された。その後、同荘が久安元年（一一四五）に成立し（後掲【史料二】）、また同じ頃に町野荘（上町野荘）の一方、下町野荘もできたようである。ただし、こうした上下二分の用例とあわせて、後述する通り中世では変わらず町野荘との呼称も多く確認される。

【図2】町野荘内地形図Ⅱ

さて、付章三では、町野荘をめぐるふたつの郡とそれぞれ地域のあり方に注目する。多くの荘園は特定の一郡中に含まれたが、ふたつの郡に跨り存在した荘園も数は限られるものの、確実にあった。[5]それは例えば加賀国倉月荘（河北郡・石川郡）や越中国般若野荘（射水郡・砺波郡）などであり、[6]ここでは同じくその一例として町野荘の場合に着目したい。

町野荘に関する先行研究は先にあげた通り（註1参照）であるが、それらの論稿では概要が詳細にまとめられている反面、同荘とふたつの郡、地域社会についてはなお記述が不十分と思われる。以下、町野荘の世界をいくつかの視点で取り上げ、その荘園や村・郡など社会の枠組（骨格）を度々カギ括弧付きで表記する。そして、中世各荘園のなか町野荘の状況が一例としてどう位置付けられるか、考察して行きたい。

一、鳳至郡町野荘と珠々郡下町野荘

一ではまずふたつ（二通り）の町野荘と、それにかかわってふたつの郡について史料から確認したい。

承久三年（一二二一）、能登国では国衙のもと全四郡（羽咋郡・鹿島郡・鳳至郡・珠々郡）分の公田台帳（田数目録）が作成された。一国平均役徴収の上で幕府へ注進されたその「能登国大田文」と評される史料が次の通りである。(7)

【史料一】能登国四郡公田田数目録案（森田良美氏所蔵文書）

能登国

注進国中四郡庄・郷・保公田々数目録□（事カ）

一、羽咋郡

（略）

一、能登国　鹿嶋郡

（略）

(a)大屋庄内穴水保　四拾九町一段七（本八四十九丁六反五）　文治九年（ママ）立券状

（略）

一、鳳至郡

(b)町野庄　弐百町　久安元年立券状

志津良庄　七町　同　弐年立券状

(c)大屋庄之内東保　卅三町五段　加南志見村定

(d)同庄西保　四拾四町七反二

鳳至院　六拾九町五段（二十丁除、）

(e)櫛比庄　九拾丁九段

諸橋保　廿町壱段（本二十四丁五反四）　建治元年（ママ）立券状

鵜川村　弐町八段三（本廿三丁二反八）

矢並村　四段

一、珠々郡

(f)若山庄　五百町　康治弐年立券状

珠々正院　卅七町　承久元年検注田定

蔵見村　拾四町三段九　元久弐年検注田定

宇出村　十丁七段

高屋浦　弐町四段九

真脇村　八町三段（本九丁七反二）　承久弐年検立定
方上　十三丁二段七（本三十丁五反九）　正治元年検注定
下町野庄（g）　五町六段　久安元年立券状
右国中四郡庄・郷・保公田田数目録如件、
承久参年九月六日注進置候、
康応元年極月廿日

【史料二】は同年の能登「国中四郡庄郷保公田田数目録」を康応元年（一三八九）に書写したものであり、[8] うち鳳至郡町野荘（傍線部b）の二百町と珠々郡下町野荘（傍線部g）の五町六段などがみられる。

ところで、町野荘は本来、鳳至郡内に一定の荘域をもって成立したのであろう。そして、【史料一】の鳳至郡「町野庄」（町野川中・上流域。左岸側）の一方、従来言われる通り町野川下流域（右岸側）に加納地（荘園に入組の公田を取り込み加えた地）[9]として形成されたのが珠々郡下町野荘ではないか。そのなか町野荘と下町野荘が制度上、数値とともにとらえられたものが【史料一】と位置付けられる。

なお、鳳至郡町野荘は次掲史料の通り「上町野庄」とも記され、ほかには「町野本庄」と記載される場合も知られる。[10] 特に先行研究では上町野荘＝町野本荘と考えているのであろうか。例えば和嶋俊二氏は、「町野本庄（＝上町野庄か。筆者註）金蔵寺」から「下町野庄金蔵寺」への所属変更を指摘する。[11]

しかし、筆者は双方を同一線上の概念とは考えない。すなわち、「本庄」は町野荘のうち先述した加納地（下町野荘）に対するそれとみるのではなく、当該期の領有状況が複雑化（後述）するなかで九条家領[12]としての部分を指した（意識した）ものとすることはできないか。そうすると、金蔵寺の所属先が変更したと考える必要もなくなる。なお、【史料一】の珠々郡では町野荘と同じく九条家領であった若山荘（傍線部f）(13)が五百町と、より広大なかたちで存在したことも確認される。

【史料二】大般若波羅蜜多経奥書（輪島市八幡寺所蔵）

（巻一奥書）「貞治三年七月四日、於能州上町野佐野寺書了、」

（巻一〇〇奥書）「　能州上町野庄　八幡宮常住、

（本奥書）「建暦二年歳次／壬申二月日　一校了、

願主能州若山御庄大谷住平兼基」

奉修覆黄染并軸・表紙・帙箱・唐櫃等也、

貞治三年甲辰八月廿二日　大願主当庄預所管（菅）原尚重」

（巻二〇〇奥書）「当社　八幡宮常住大般若経一部奉修覆、

貞治三年八月廿二日　能州上町野庄麦野村預所菅原尚重

（異筆、本奥書）「一校了、公源」

（異筆、本奥書）「建永二年四月一日書写了、二百内之写、地蔵寺沙門隆円」

」

（巻三〇〇奥書）「当社　八幡宮常住大般若経一部、奉修覆黄染并軸・表紙・組帙箱・唐櫃等者也、

貞治三年甲辰八月廿二日　能州鳳至郡上町野御庄麦生野村預所菅原尚重

」

（巻四〇〇奥書）「当社　八幡宮　大般若経一部、奉修覆黄染并軸・表紙・組帙箱・唐櫃等者也、

貞治三年甲辰八月廿二日

能州上町野御庄麦野村預所菅原尚重

」

（巻五〇〇奥書）
「当社　八幡宮　大般若経一部、奉修覆黄染幷軸・表紙・組帙箱・唐櫃等者也、

上町野御庄麦野村預所菅原尚重

貞治三年卯八月廿二日」

（巻六〇〇奥書）
「当社　八幡宮　大般若経一部、奉修覆黄染幷軸・表紙・組帙箱・唐櫃□（等カ）者也、

能州上町野御庄麦野村預所菅原尚重

貞治三年卯八月廿二日」

（異筆カ）
「唐折之修覆、八幡寺住持賢永」

次に、【史料二】の大般若経は現町野町東の八幡寺にあり、(14) これは建暦二年（一二一二）、若山荘の住人平兼基が願主になって、元久元年（一二〇四）に亡くなった平時忠の追善供養として書写が始められたものではないかと言われる。その後、貞治三年（一三六四）に（上）町野荘麦（生）野村（現町野町麦生野）の「預所」菅原尚重が修復を加えたようである。

なお、ここでの預所（あずかりしょ・あずかっそ）(15) はひとつの荘園所職（預所職）に限定されず、広く現地荘官のこととみられる。(16) そして、このような尚重の拠点が麦野村にあったかもしれない。(17)

ところで、同八幡寺はもともと町野荘惣社であった八幡宮（巻一〇〇奥書。現御年神社）の別当寺であったとみられる。(18) また、この大般若経（【史料二】）は貞治四年に上町野荘佐野寺で書写されたことが知られ（巻一奥書）、(19) ほかにも八幡寺・八幡宮関係の写経がいくつか確認されている。(20)

一方、小間生村の熊野神社前には「地頭田」や「番頭田」と呼ばれる地名があった。(21) 給田に因むかもしれない久田（キユウデン）村の地名や、先述した麦野村における預所の存在を含め、このあたり一帯が町野荘における領主支配の一

大拠点であったのではないか。なお、のち弘治三年（一五五七）の史料には[22]「麦生野村役人　国久年平」も登場する。

【史料三】大般若波羅蜜多経奥書（珠洲市忍久保静夫氏所蔵）

（巻八一奥書）「于時応安二年辞八月廿八日書写畢、

筆者下町野庄内金蔵寺住侶栄宗

〈生年卅四歳、〉

（異筆）「　玄海　□□　定西

玄遠　玄本

発願主馬繋浦住侶

永和第四午戊二月九日供養、」　」

（巻八九裏書）「応安六年八月廿日下町野庄白山宮書写、

金剛仏子幸栄、歳廿六、」

（巻九三奥書）「応安五年子壬八月十六日　町野庄於白山宮御堂書写畢、」

さらに、町野荘における大般若経はもちろん、上町野荘関係のものだけではなかった。そして、応安四〜六年（一三七一〜七三）の【史料三】では下町野荘の金蔵寺住侶や白山宮も登場する。

なお、『加能史料』南北朝三では、この史料のうち大般若経巻八一奥書などにある「下町野庄」（二重傍線）の部分では珠々郡とルビが振られながら（同書九一頁）、一方で同巻九三奥書の「町野庄」（二重傍線）の部分では鳳至郡とルビがみられる（同書九二頁）[23]。しかし、ほかの「下町野庄」と同じくこれも珠々郡とした方が妥当ではないか。すなわち、上町野荘だけではなく、下町野荘の場合も単に「町野庄」と認識・記載されること、もしくはそれに含まれることがあったのではないか。

また、【史料三】の寺社のうち白山宮は現町野町粟蔵の白山神社とみられ、[24]その境内に隣接した安養寺（もと別当）の存在も知られる。[25]一方、金蔵寺は後述する岩倉寺の坊中十四ヶ寺のひとつにもなるが、こちらは白山宮の別当松習院が前身であったとみられる。[26]なお、応安六年の八幡寺所蔵大般若経奥書には[27]【史料三】（「下町野庄内金蔵寺」）の一方で「町野本庄金蔵寺」ともあるが、この点に関しては先述した通りである。

以上、一では鳳至郡（上）町野荘と珠々郡下町野荘について、それぞれ史料とともに確認した。なお、本来、町野荘は鳳至郡に存在したとみられるが、同上荘（多くこちらが「町野庄」とも）の一方、同下荘（加納地か）が珠々郡に成立した。ただし、町野荘では上・下と区分される事例やそれに両郡を付して記載される事例は数が限られ、その点はのちにまた触れよう。ここでは上荘における領主支配＝「預所」の本拠という位置付け、佐野寺・八幡寺・八幡宮の存在、下荘における白山宮や金蔵寺など別の寺社勢力が展開していた点にも注目しておきたい。

二、総持寺領和住村と領家松田基秀

応永三年（一三九六）、「九条家領当知行目録」に「町野庄　三千疋、畠山致沙汰者也」とある通り、[28]町野荘では能登守護畠山基国による請負が一部にみられた。また、同荘ではほかにもこの頃から武家による支配が顕著にうかがえる。ここではまずその一端を次の史料二点より考察しよう。

【史料四】松田基秀田地売券（総持寺文書）

（端裏書）（良印）
「月泉和尚粥料之田地売券　寄進前住正法寺正金首坐（座）」

依有用々(要用)永代売渡申田地之事

合肆佰苅者、毎年之年貢伍貫文、

右件田地者、能登国町野庄和住村本郷領家五之田名之内限肆佰苅、以同国於櫛比庄惣持禅寺、為前住月泉印(良印)和尚(ママ)之毎年廿四日粥飯料代、伍十貫文売渡申処実也、但於彼所領者、雖為公方之御恩之地、愚身於子々孫々相続之間者、全不可作異儀変改、懸万像(雑)公事申、若於以後背此旨輩者、基秀非子孫可不孝之仁、仍為後日売券之状如件、

応永三十年八月十日

売主能登国町野和住領家　松田三郎左衛門(尉脱カ)基秀（花押）

【史料五】斎藤清俊請文（総持寺文書）

預申町野庄和住村領家五田名事

合肆佰苅者毎年分年貢伍貫文、

右於彼年貢者、毎年八月中旬無懈怠惣持寺納所方へ、合切割無闕如可沙汰申候、若於年貢闕如候者、作人可有改易候也、仍為後日請状如件、

応永三十年八月十日

町野庄之内和住村住人　斎藤三郎右衛門尉清俊（花押）

応永三十年八月十日、町野荘和住村の領家松田基秀が同村本郷の五田名の田地を櫛比荘内の総持寺（現輪島市門前町・總持寺祖院）へ売り渡した。なお、月泉良印とは総持寺の峨山韶碩に学んだ禅僧であり、黒石正法寺（現岩手県奥州市）の第二世（「前住」）として知られる。(29)基秀がこの月泉に師事するなど両者には深い関係があったのであろうか、(30)その供養料としてここでは総持寺への売寄進（「松田基秀寄進」とある後掲【史料六・七】も参照）がみられた。

なお、売寄進とは、ある対象について一部売却と一部寄進を組み合わせた行為を意味し、それが徳政対象からのがれるための手段とされる場合もあった。[31] そのような【史料四】を受けて、同日に和住村住人斎藤清俊が作人として同田地「彼年貢」のことを請け負う内容で、【史料五】（＝請文）も総持寺へ提出された。

ところで、松田氏には室町幕府のもと松田貞秀（評定衆・政所執事代）や同満秀・秀興・数秀（奉行人）らが知られ、[32]【史料四】の松田基秀もその一族とみられる。[33]【史料四】の場合、どのような背景があって売寄進というかたちをとったのか断定はできないが、少なくとも同地域のなかで果たすことが期待された松田氏による一定の機能があったのではないか。なお、町野荘の同部分は幕府御料所＝「公方（将軍）の御恩の地」とあるが、のちには幕府政所執事伊勢貞宗が能登守護代遊佐美作守統秀に宛て、「知行分町野庄」の付け渡しを徹底するように依頼する。[34]

また、和住村は現在の能登町上町、和住・久田地域のあたりとみられ、そのうち本郷はのちの本江村に比定される。五（之）田名は現在の久田における五田とも、上町（天坂・寺分あたり）における権田（橋）とも候補地があげられる。[35] そして、和住村内には複数の集落（字名）があり、むしろ本江村（近代に久亀屋村と合併して現上町へ）につながる本郷こそがここで取り上げるような「村」（以降現代につながる集落へ）と同じではなかったか。

さらに、総持寺は曹洞宗峨山派の本拠であり、応永六年には足利義満が祈願寺へと定めた。[36] なお、総持寺はほかの史料に「相国寺領能登国櫛比庄内惣持寺免田畠等事」（櫛比荘は前掲【史料一】の傍線部eにも登場）とも確認される。[37] そして、町野荘では武家による領有の一方、先述した通りこの頃もどうにか九条家領分は維持されたようであり、幕府が九条満家の要求から殿中修理要脚のために「若山庄幷町野庄段銭事」を守護畠山義忠へ命令することがあった。[38] かなり下って天文十年（一五四一）、売券状の宛所に「下町野領家方ヒツメ時国衛門太郎」とあるが、[39] この領家方も九条家の分であろう。

【史料六】能登守護畠山満慶書下（総持寺文書）

能登国和住村五田名之内四段加万雑定、事、任松田三郎左衛門尉基秀寄進状之旨、可令全寺家知行之状如件、

応永卅三年十一月十四日　（花押）（畠山満慶）

惣持寺

【史料七】能登守護代遊佐祐信書状（総持寺文書）

能登国和住村五田名之内四段事、就松田三郎左衛門尉基秀寄進候、御下知如此候上者、其旨可令存知候也、謹言、

（応永三十三年）十一月十四日　祐信（遊佐）（花押）

池田主計入道殿

では、次にもう少し和住村五田名の関係史料をみておこう。応永三十三年、同五田名内の年貢知行を能登守護畠山満慶が[40]総持寺へ安堵した。なお、【史料六】には松田基秀の「寄進状の旨に任」せるようにとあるが、前掲【史料四】の売券（＝売寄進状）がそれに当たるのではないか。そして、満慶による【史料六】を受けて、同日に守護代遊佐祐信が遵行・安堵したものが【史料七】とみられる。このように五田名は「松田基秀寄進状」によって総持寺領としておさまったのである。

また、【史料七】の宛所にある池田主計入道は能登守護畠山氏の被官であり、それが守護・守護代の指示によって現地で執行する立場にあったとみられる。なお、応永二十八年、守護畠山満慶より天野慶景[41]へ邑智荘（現羽咋市東部）内の地が宛行われたが[42]、その時も守護代より同じく池田へ命令（遵行）された[43]。

【史料八】有坂清村請文（総持寺文書）

（端裏書）（良印）「月泉粥料下地領（預）状」

領（預）中在所之事

町野庄和住村松田殿知行五ノ田四百苅御年貢伍貫文、毎年八月中ニ櫛比之総持寺へ沙汰可申候、万一不沙汰候者、田地之事者寺家之御計可為候、其時一義之子細不可申候、仍為後日領状若（如）件、

于時永亨（享）拾壱年紀六月廿五日

同和住住人有坂清村（花押）

その後さらに下って永享十一年（一四三九）にも、町野荘和住村のうち「松田殿知行」分であった五田名のことで同住人有坂清村の請文がのこされた。その【史料八】によると、年貢五貫文を毎年同じく櫛比総持寺へ納めるようにとある。この清村は前掲【史料五】の「作人」斎藤清俊と同様の立場とみられ、ここでも《守護→守護代→現地執行人→住人》の命令系統が想定されよう。

以上、二では町野荘における室町幕府・守護勢力の動向、さらに幕府御家人の一族とみられる松田基秀を「領家」とする和住村本郷について考察した。そして、特に松田より同本郷五田名内の年貢が総持寺へ売寄進され、九条家領町野荘の一方、同荘における武家と在地寺社の世界も展開したことが明らかになった。なお、町野荘内の総持寺領はその後、永正六年（一五〇九）に「一、町野之内〈月泉和尚寄進分〉」などが守護畠山義元によって安堵される頃まで知られる。(44)

三、鳳至郡上町野荘・珠々郡下町野荘と地域社会—むすびにかえて

付章三では中世後期の町野荘を事例に、鳳至郡（上）町野荘と珠々郡下町野荘における九条家領や武家領の展開、

その様相に関して考察して来た。三ではそれらの結果を踏まえながら、特に町野荘（「庄」）とふたつの「郡」とのかかわりに引き付けて補足し、ここをまとめたい。

中世後期・戦国期の地域社会が国郡制、「郡」の枠組に影響されたことは池上裕子氏[45]の指摘する通りである。「はじめに」で述べたように、多くの荘園が一郡のなかに収まることもそのあらわれと言えよう。しかし、一方でふたつの「郡」に跨るひとつの「庄」の事例も少数ではあるが存在し、そのうち加賀国倉月荘の事例はこれも先にみて来た通りである。そして、前掲【史料一】（傍線部ａ・ｃ・ｄ）では町野荘に加えて同じく能登国大屋荘[46]と鳳至郡・鹿島郡の事例もみられた。

さて、筆者は中世後期における「郡」と「庄」、各「村」の世界と地域社会について以前別に報告することがあった。[47]そこでは倉月荘[48]や近江国奥嶋荘・津田荘などを事例に、国郡の制度的枠組をはじめとする様々な規模の〝線〟と、社会の実態やつながりからなる〝面〟との交錯に着目した。

そして、ここでみた同じ頃の町野荘の場合にも、ふたつの「郡」とひとつ（二通り）の「庄」が確認された。ただし、町野の上荘と下荘にとって鳳至郡と珠々郡、個の影響はあまりみられず、それぞれ各「郡」へのまとまりも希薄であった。むしろそこでは次の通り、奥能登二郡にまたがる地域への帰属意識の方が大きかったのではないか。

さらに、町野荘の場合、両郡境界付近には白雉山岩蔵（倉）寺（現町野町西時国）があり、[49]その少し上には下町野荘鎮守と言われ、延喜式内社にも比定される石倉比古神社が鎮座した。そして、窪田涼子氏らは、その「岩倉観音」の信仰圏が珠々郡と鳳至郡の東域に広がったことを指摘する。例えば、大塚連家灯明銭寄進状写には「能州鈴（珠々）郡町野庄岩倉寺十穀」宛とみえる一方、[50]温井孝宗田地寄進状写には「能州鳳至郡之内下町野岩蔵寺（温井）孝宗私領」の記載が確認できる。[51]

町野の地は「中古郡界乱れて鳳至郡とも珠洲郡ともなしたるにや」[52]と記されるが、これらは単なる誤りや郡界の混乱などではなく、むしろここからは岩蔵寺の両属性、両郡を守る境界性と「地域信仰圏」の広がりこそを強調しておきたい。

それでも町野荘において、当初は上・下の区分自体、両「郡」それぞれを指標にした可能性が大きい（前掲【史料一】参照）。さらに、町野荘内には先述した通り、ほかにも様々な規模の寺社が存在したが、これらも上・下両荘の在地で別々の宗教世界を郡ごとに展開させていた。一方、宮島敬一氏らは近江国で特定の宗派や領域におさまらない「地方寺社」の世界を復元したが[53]、町野荘の場合、岩蔵寺や二でみた総持寺などはそちらの類例に含まれるであろう。[54]

町野荘の同地域をめぐるその他の寺社を含めたネットワークについては今後の課題であるが、このように同荘の全域をとらえる際、各「郡」ごとに展開した世界と、両「郡」に影響されずに展開した世界が混在していた。そして、その具体化にはやはり当該期社会を〝線〟（＝制度）と〝面〟（＝実態）両方の視点からとらえることが必要なのではないか。[55]そのことがこの町野荘の事例でも示されたと言えよう。

さらに、同じ頃の町野荘では複数の「村」（ムラ）の存在も注目される。すなわち、ここでは麦野村と和住村本郷（のち本江村）など、それぞれ町野「庄」とはまた別の枠組（「村」）がみられた。これには河路・合鹿・小橋などの「村」事例も加えられる。[56]そして、ここでも窪田氏が戦国期、同じ「村」集団（大野村・大川村）や有力百姓らが岩蔵寺への寄進主体となることに注目している。[57]

なお、近世の「町野庄」の地では上・中・下町野郷の一方、それぞれのなかに複数の「村」が登場する。[58]それらが成立する時期を含め、こちらも詳細については今後の課題としたい。

以上、鳳至郡（上）町野荘と珠々郡下町野荘のうち、町野荘は本来、鳳至郡に成立したとみられる。一方で、珠々郡における加納地であろうか、新たに加わった部分が下町野荘となった。そして、建武頃にはともに九条家領として確認され、特に下町野荘では永く同家領が存続したようである。また、鳳至郡の上町野荘には一部松田氏の所領や幕府料所が展開され、「預所」菅原氏の本拠地である麦野村やこちらの方には武家領とともに総持寺も大きく影響した。

先述した通り、町野荘では鳳至郡や珠々郡としてのまとまりはそれぞれ弱く、双方は一緒に認識されることが多かった。ただし、町野荘はふたつの郡によって名前（上・下荘）も世界も別々で、それら「郡」と地域のあり方は、当該期の同荘をみる上で不可欠な要素とも評価できる。今後も中世後期の荘園社会を理解する上で、このように一「庄」をめぐる〝線〟と〝面〟両方の視点が有効であることをおさえ、付章三をむすびたい。

【註】

（1）和嶋俊二「第三章　中世」（『輪島市史』通史編・民俗文化財編、一九七六年。第一節一「町野荘と志津良荘」）、『角川日本地名大辞典一七　石川県』（角川書店、一九八一年。「町野」の項）、「第二章　柳田村の中世」（『柳田村史』一九七五年。第二節一「町野荘」）、『日本歴史地名大系一七　石川県の地名』（平凡社、一九九一年。「町野庄」の項）、浅香年木「能登国」（『講座日本荘園史』六、吉川弘文館、一九九三年。「町野荘」の項）、和嶋「「下町野之庄岩蔵」現地調査の一端」（神奈川大学日本常民文化研究所奥能登調査研究会編『奥能登と時国家　研究編二』平凡社、一九九四年）。

（2）『能登志徴』巻八（『能登志徴』下編（加賀能登郷土図書叢刊））。『能登志徴』は明治時代、森田平次によって編著された能登四郡の地誌である。

（3）【図一・二】は町野荘（上・下）をもとに、南北に続くかたちで作成した。

（4）康治二年十月四日源季兼寄進状（九条家文書）。なお、付章三で引用・掲載する史料は一部（随時註記）を除き『加能史料』によった。

(5)『講座日本荘園史』五〜一〇（吉川弘文館、一九九〇・一九九三・一九九五・二〇〇一・一九九九・二〇〇五年）などを参照した。

(6)若林陵一「中世後期加賀国倉月荘・越中国般若野荘にみえる村社会と社会の枠組」（『史苑』七五―一、二〇一五年。本書第六章）。

(7)東四柳史明「「能登国大田文」をめぐって」（地方史研究協議会編『〝伝統〟の礎』雄山閣、二〇一四年）。

(8)註1『柳田村史』、東四柳史明『半島国の中世史』（北国新聞社、一九九二年）、註7東四柳論文。なお、東四柳氏は承久三年に作成された【史料一】が、新守護畠山基国のもと康応元年に書写（「再生」）された経過・背景も指摘している。

(9)工藤敬一「加納」（『日本史大事典』二、平凡社、一九九三年）、阿部猛編『荘園史用語辞典』（東京堂出版、一九九七年。「加納」の項）。

(10)建武三年八月二十四日九条家政所家領注進状案（九条家文書）、輪島市八幡寺所蔵「大般若波羅蜜多経」零本・巻二〇七奥書（応安六年七月十日）。

(11)註1和嶋「「下町野之庄岩蔵」現地調査の一端」。なお、ここでは註1『日本歴史地名大系一七　石川県の地名』も参照した。

(12)応永三年四月日九条家領当知行目録（九条家文書）、永享三年八月十八日室町幕府御教書案（『九条満家公引付』永享三年条）、『九条満家公引付』文安三年一月五日。

(13)註8東四柳論著、註1浅香「能登国」（「若山荘」の項）。

(14)註1『柳田村史』、『日本歴史地名大系一七　石川県の地名』。

(15)『柳田いにしえ物語』一三（二〇一三年。町野荘調査研究会HP「町野荘を歩く」）。これによると麦生野には「スガワラ」地名の存在が言われ、ほかにも「預所」菅原の屋敷があった可能性が指摘されている。

(16)東四柳史明氏によると同じ頃の荘園預所の事例として、若山荘における「生え抜き」（のち田所・預所）である本庄氏の事例も注目される。本庄氏は日野家（領家）の雑掌にも就いた。註8東四柳論著、註7東四柳論文。

(17)ほかに菅原の地名としては、能登国菅原荘（現羽咋郡宝達志水町菅原）の地などがあげられる。註1浅香「能登国」（「菅原荘」

の項)。

(18) 註１『日本歴史地名大系一七　石川県の地名』。

(19) 佐野寺に関しては、応永十年八月二十日に「於町野庄佐野寺東坊書」写したとされる大般若経(巻七一)の存在も知られる。大般若経奥書写(重蔵神社文書)。

(20) 石川県立歴史博物館所蔵「大般若波羅蜜多経」零本・巻四一奥書(応安五年六月十八日)、輪島市八幡寺所蔵「大般若波羅蜜多経」零本・巻四七奥書(応安六年七月二十日)。

(21) 註１『柳田村史』。

(22) 弘治三年八月十日石瀬比古神社棟札裏書(『増訂　加能古文書』一三八六)。

(23) 『加能史料』南北朝三(一九九七年。八七〜九五頁)。

(24) 註１和嶋「「下町野之庄岩蔵」現地調査の一端」。

(25) 例えば、輪島市八幡寺所蔵「大般若波羅蜜多経」零本・巻一六四奥書(応安七年一月五日)、同巻一七〇奥書(応安六年八月五日)などは安養寺で金剛仏子性覚によって書写されたとある。

(26) 註２『能登志徴』巻八。

(27) 註10輪島市八幡寺所蔵「大般若波羅蜜多経」零本・巻二〇七奥書。

(28) 註12九条家領当知行目録。

(29) 『日本仏教人名辞典』(法蔵館、一九九二年。「月泉良印」の項)。

(30) 『柳田いにしえ物語』一七(二〇一三年。註15参照)。

(31) 須磨千頴「売寄進」(『国史大辞典』一一、吉川弘文館、一九八〇年)。

(32) 青山英夫「松田氏」(『国史大辞典』一三、吉川弘文館、一九九二年)。

(33)なお、能登国における松田氏に似た存在として、後述する天野氏の存在もあげられる。註8東四柳論著。

(34)(文明十六年)六月十九日諸状案文(国立公文書館内閣文庫所蔵蜷川家本)。同じく(天文五年)五月二十四日室町将軍家御内書案(『大館記』御内書案・天文五年常興存知分)も参照のこと。

(35)註1『柳田町史』、註30『柳田いにしえ物語』一七。

(36)応永六年六月十七日足利義満御判御教書(総持寺文書)、応永六年七月二十三日能登守護畠山基国遵行状(同)。

(37)応永六年六月二十七日相国寺都聞周三奉書(総持寺文書)。

(38)(文安五年)九月二日九条満家御判御教書写(『九条満家公引付』文安五年条)、文安五年九月二十二日室町将軍家御教書(九条家文書)。

(39)天文十年十二月二十四日山﨑孫太郎女子売券(時国健太郎家文書)。註1和嶋「第三章　中世」、和嶋「「下町野之庄岩蔵」現地調査の一端」。

(40)応永十五年の満慶をはじめとする能登守護畠山氏に関しては、註8東四柳論著も参照した。

(41)註8東四柳論著。

(42)応永二十八年十二月二十九日能登守護畠山満慶書下(天野文書)。

(43)応永二十八年十二月二十九日守護代遊佐祐信遵行状(天野文書)。

(44)永正六年十月十九日畠山義元下知状(総持寺文書)。

(45)池上裕子「中世後期の国郡と地域」(『日本中近世移行期論』校倉書房、二〇一二年・初出二〇〇〇年)。

(46)大屋荘は文治五年(一一八九)に崇徳院領として立券され、その牓示七ヶ所のうちに「壱所　東正方　字白崎　町野庄堺」とみられた。文治五年能登国大屋荘立券文案(青蓮院文書)。

(47)若林陵一「中世後期地域社会における「村」と領主・「郡」」(『歴史学研究』九八九、二〇一九年)。

(48) 倉月荘は一「庄」と二「郡」の事例としてだけではなく、幕府奉公衆摂津氏領であった点も一部幕府料所を含む町野荘との共通点と考えられる。

(49) 浅香年木「中世北陸の在地寺院と村堂」（『中世北陸の社会と信仰』法政大学出版局、一九八八年・初出一九七二年）、東四柳史明「仏と神と人びとの祈り」（高澤裕一責任編者『図説　石川県の歴史』河出書房新社、一九八八年）、窪田涼子「奥能登岩倉寺の復興と地域社会」（神奈川大学日本常民文化研究所奥能登調査研究会編『奥能登と時国家研究編二』平凡社、二〇〇一年）、生駒哲郎「町野結衆寺院　岩蔵寺所蔵「大般若経」と地域社会」（宮野純光編『奥能登における真言宗寺院の総合調査』金沢工業高等専門学校、二〇一七年）、窪田「中近世移行期における荘鎮守の復興と在地社会」（『中世在地社会の共有財と寺社』同成社、二〇一九年・初出一九九九・二〇〇一年再編）。

(50) 永禄十三年九月二十七日大塚連家灯明銭寄進状写（能登国石倉比古神社文書）。

(51) 永正七年五月十六日温井孝宗田地寄進状写（『続汲古北徴録』下）。また、永正七年一月十一日佐竹秀隆寄進状写（同）には、宛所として「能州町野庄岩蔵寺」とみえる。

(52) 註2『能登志徴』巻八。ここで岩倉「山は鳳至・珠洲両郡の堺山なり」ともされる。

(53) 宮島敬一「戦国期地方寺社の機能と役割」（『佐賀大学教養部　研究紀要』二二、一九九〇年）、釈迦堂光浩「中世後期地域社会における勧進と奉加」（『駿台史学』一〇一、一九九七年）。

(54) 註49浅香論文。

(55) なお、【図二】や史料からは鳳至郡と珠々郡の境界は不動のものではなく、境界帯として存在したとも考えられる。そのなかに岩蔵寺も位置したのではないか。

(56) 永正十五年□（六カ）月二十二日方便法身尊像（能登町光明寺所蔵）、□（享）禄四年三月十八日羽黒大明神随神像（能登町合鹿羽黒神社所蔵）、永禄九年十二月七日浅見恵有田地等寄進状写（能登国石倉比古神社文書）。

(57) 註49窪田「奥能登岩倉寺の復興と地域社会」、窪田「中近世移行期における荘鎮守の復興と在地社会」。永禄五年四月二十八日大野村百姓中田地寄進状（岩蔵寺文書）、元亀三年三月五日大川村百姓等田地寄進状（同）。

(58) 註1『角川日本地名大辞典一七　石川県』。

第七章　中世後期倉月荘における「村」と領主・「郡」

はじめに

中世後期の加賀国倉月荘では荘内に複数の「村」があらわれ、一方で幕府御家人摂津氏をはじめとする複数の領主権力がかかわった。また、同荘の場合、河北郡と石川郡（両郡の境界は浅野川）にまたがって立地し、その両郡の地域は戦国期に一向一揆・本願寺勢力とも関係した。

これまでの倉月荘に関する研究として、早くに橋本秀一郎氏は同荘の名主職や本願寺勢力の動向など詳細に論及したが[1]、その後の研究は多く概説に終始していた[2]。ところで、中世後期に、荘園社会では領有状況と荘内集落（「村」）の体系が再編され、その社会が近世以降の世界へと続いた[3]。ただし、そのような中世後期の社会をみるなかで、倉月荘の事例はいまだ十分に評価されていなかったのではないか。

そこで本書では最後、第七章で中世後期倉月荘の「村」社会について、特に領主権力や地域社会・「郡」とのかかわり、中近世移行期までの流れを振り返る。なお、倉月荘に着目することで、先述したふたつの郡とひとつの荘園のあり方（制度的枠組と地域の展開）や、中近世移行期に及ぶ一向一揆・本願寺勢力とのかかわりが注目されよう。それらの点を踏まえて、同荘における各「村」が生まれた中世後期の地域社会のすがたをまとめたい。

一、本書各章の要約

本書ではここまで倉月荘を事例に、中世後期「村」の登場をめぐる社会に関して、成り立ちの背景や構造の変化、「郡」等の制度的枠組を切り口に考察して来た。まず一では、最後に各章の内容を確認しておこう。

第I部の第一章では、倉月荘のあり方を領有状況の側面から検討した。同荘では最初に幕府御家人摂津氏がほぼ一円を領有したが、室町期になるとそのうち松寺・赤浜両村を宝幢寺、諸江破出（割出）周辺を南禅寺、木越・岩方両村を中山家などがそれぞれ領有した。また、同じ頃に荘内では複数の集落が別々の一「村」として活動するようになったと指摘し、それらのすがたをとらえた。

第二章では、さらに室町期から戦国期にかけて倉月荘における領有状況を考察し、諸集落＝「村」の活動についてみた。特にここでは複数の荘園領主と、南新保周辺における延暦寺や中大浦村などにおける守護の動向に注目し、さらに戦国期にかけての一向一揆・本願寺勢力による展開が果たした「村」々への影響を指摘した。

両章では十五・六世紀の倉月荘において、複数の領有主体と複数の「村」が並存したと指摘した。そして、次に補足として、倉月荘における中世から近世加賀藩に至る「村」の様子をみた。第一章・二章では倉月荘の領有状況や荘園領主・守護勢力を、第三章・四章では加えて一向一揆の動向を取り上げたが、補足ではその間で各「村」の内部組織に言及することに努めた。

続いて付章一では南禅寺領の事例として、倉月荘とは別に加賀国得橋郷を取り上げた。ただし、得橋郷のうち実に南禅寺領は牛島村・佐野村のみであり、同郷でもそのほか多様な「村」々と勢力の存在が確認された。

第三章では、倉月荘における本願寺勢力の動向に着目した。その結果荘内でも諸江村（諸江坊と「諸江惣村」）や木越村（光徳寺と「河北郡四村」）など「村」ごとにそれぞれ独自の展開がみられた。各「村」は荘の内外でほかの「村」々と交渉・関係を持ち、同荘における一向一揆とのかかわり（結びつき）はその「村」ごとにあったことを指摘した。第四章では、倉月荘と隣荘との境界付近に位置する「村」を考察し、具体的には大野荘との境で青崎村、小坂荘との境で奥村（興保）、さらに安江荘・安江保・安江村から成る「安江」地域に着目した。また、ほかの各荘にもそれぞれ複数の「村」があらわれ、複数の領有主体が並存したこと、あわせて多様な「村」々のすがたや戦国期に本願寺勢力が進出する様子を指摘した。

以上第Ⅰ部では、中世後期に登場した「村」社会（の成り立ち）に、荘園制下で領有主体の多元化（複数の領主へ）が関係したこと、その各「村」にみえる成立期（中世後期）から中近世移行期までのそれぞれ異なるすがたが確かめられた[4]。

一方の第Ⅱ部では、倉月荘の事例や状況をほかの地域（他国・他荘園）と比較しつつ検討した。その結果、中世後期に複数の領有主体や外部諸勢力が関与し、「庄」や「郡」など社会・制度上の枠組とも重なり合うなかで各「村」＝一個の交渉主体があらわれた、その様子を広い範囲で確認した。

第五章では、倉月荘対大野荘（隣荘）をはじめ近江国や和泉国・紀伊国などの事例、村落間相論関係の史料より、同社会における「村」や「庄」「郡」といった（制度上の）枠組に着目した。そして、「村」が登場する中世後期に様々な規模の枠組が重なり合って存在し、住人たちはそれぞれの論理・認識を、相論のなか自らの主張とともに臨機応変に利用した様子をみた。

さらに、第六章では倉月荘や越中国般若野荘をめぐる社会の枠組を考察した。両「庄」ともふたつの「郡」が並存する社会のなかに存在したが、特に河北郡と石川郡に両属した倉月荘では、複数の「村」社会が分立した。そして各「村」は個々にひとつの交渉主体として、それぞれ複数の領主と関係を持ったと指摘した。

付章二では、一方の般若野荘（砺波郡・射水郡）における中世後期の状況、「村」々の活動について考察を続けた。同荘でも当該期、領有状況の複雑化と複数の領有次元（土地的支配と人的支配）が確かめられ、そのなかで現代集落に続く複数の「郷」や「村」が登場したと指摘した。

付章三では、能登国町野荘で鳳至郡（上）町野荘と珠洲郡下町野荘が並存した状況に着目した。当初はともに九条家領であったが、室町期の上町野荘では一部が松田氏の所領と、幕府料所として展開した。同じく在地社会では岩蔵寺や総持寺も関係するなかで「村」々が登場したと指摘した。

最後に、第七章では以上の内容を踏まえて、中世後期に複数の「村」々と領主権力が並存し、さらに「郡」などの枠組が錯綜するなかで現代に続く「村」が登場した社会の様子をもう少しとらえたい。

二、倉月荘の「村」々と領主権力

先述の通り、倉月荘には荘内で複数の「村」がみられた。すなわち、青崎・近岡・直江・大河縁・南新保・諸江破出・諸江・安江・中大浦・木越・千田・松寺・磯部・奥・赤浜などの集落、それらの名称が確認される。二ではそれらのうちいくつかの事例を通して、各「村」の様子をみてみよう。なお、ここでは本書第Ⅰ部補足で掲げた【表】（倉月荘内集落の一覧）もあわせて参照いただきたい。

例えば、暦応四年（一三四一）の摂津氏譲状では、摂津氏領倉月荘のうち松寺村・木越村・近岡郷・千田郷などが分割して譲与された(5)（第一章参照）。一方、康暦二年（一三八〇）には、松寺村・赤浜村が宝幢寺寄進分として登場し、(6)応永二十四年（一四一七）には諸江破出（のち割出村）などが摂津氏より南禅寺へ寄進された。(7)この頃の倉月荘には摂津氏領とは別に、松寺・赤浜両村における宝幢寺領や、諸江破出と周辺における南禅寺領など複数の領主ができた。

そのなか長禄二年（一四五八）、松寺村では宝幢寺領に対する「摂津守（頭）違乱」、同村をめぐる宝幢寺対摂津氏（同之親）の対立が生じた。(8)なお、宝幢寺領松寺村の事例はその後、十六世紀半ば過ぎまで確認されるが、(9)例えば天文二十年（一五五一）に年貢や名田のこと（「崩名之儀」）で宝幢寺へ書状を出した「松寺御百姓中」の動きなどが知られる(10)（第Ⅰ部補足参照）。

文明九年（一四七七）には、摂津氏領倉月荘内近岡村・南新保・大河縁に対して、延暦寺が「掠給奉書、致違乱」したことも知られ、(11)早く文明四年には大原来迎院再興料所として「倉月庄之内大原新保」が宛て行われた。(12)ところで、この大原新保は現金沢市小原町に比定されているが、(13)筆者はこのあたり（現在の金沢市域）にはいわゆる「大原新保」（新たな分村が延暦寺関係の料所になったものか）が複数あり、そのうち倉月荘内大原新保はこの南新保と同じものであったと判断したい（第一章参照）。

十五・六世紀の加賀国では、さらに一向一揆・本願寺勢力が有力になった。(14)具体的に、文明年間（一四六〇〜八七）の前半には「大坊主」と呼ばれた木越光徳寺など本願寺派の有力在地寺院が登場し、同後半には変わって二俣（若松）本泉寺・波佐谷松岡寺・山田光教寺といった賀州三ヶ寺（本願寺第八世宗主蓮如子息たちが各住持へ）の台頭があった。

大永五年（一五二五）に本願寺第九世宗主実如が亡くなると、享禄四年（一五三一）に藤島超勝寺・和田本覚寺（ともに越前国より)・内衆下間氏が台頭し、逆に賀州三ヶ寺が没落する享禄錯乱が起きた。ただし、この頃を経て天文年間(一五三二〜)に至っても、並行して摂津氏領などは維持された(第二章・三章参照)。

ところで、この頃の倉月荘と一向一揆・本願寺勢力の関係は、第三章の通り各「村」ごとに展開したとみられる。それらのうち諸江村は、倉月荘内で本願寺勢力の影響が最も強い所のひとつであった。文明十三年頃に本願寺蓮如妹如祐の隠居場として諸江坊(現福井県坂井市勝授寺)が創建され[15]、そこには土地証文を含む関係文書が四十点ほどのこされた。

例えば、そのうち永正十六年(一五一九)には諸江村住人から諸江坊への土地売券があり[16]、なかに売却分に対する「公方・同名」などの保証や「諸江惣村」によって追加された印が確認される。なお、ここで「公方」と一対に記された「同名」(同名中)とは、このような諸江坊を基盤にした一揆結合の集団と考えられる。

また、木越村も倉月荘のなかで本願寺勢力が強かった所のひとつである。ここには先述した大坊主光徳寺の存在があり、同村は大永四年(一五二四)頃に、「光徳寺廿八日講中」をなした「河北郡四村」のうち一「村」としても確認される[17]。なお、これも先述した通り中世後期の倉月荘では、摂津氏とは別に複数の勢力が領有主体としてみられたが、木越村とその近くの岩方村(現木越町・千田町・松寺町周辺か)では公卿中山家との接触ものちに確認される[18](第I部補足参照)。

木越村の隣村である中大浦村の場合、大永四年頃に木越村とともに「光徳寺廿八日講中」(河北郡四村)の一員として参加したが、早く明応九年(一五〇〇)や永正二年(一五〇五)には、摂津氏領同村への守護家富樫氏による押領も確認される[19]。なお、ほかに文明十七年には、摂津氏知行分とされる磯部(「磯部庶子分」)や青崎村に対して富樫氏による「押領」が問題になった[20]。このように倉月荘では守護富樫氏の勢力が及ぶこともあった(第二章参照)。

さらに、倉月荘内や周辺の地域では「安江」と称した地名が複数みられた。南禅寺徳雲院宝諸軒領安江荘[21]や近衛家領安江保[22]がその一例であり、また摂津氏領倉月荘内にも安江村が存在した。天文五年（一五三六）には、室町幕府より本願寺に対して、倉月荘内の摂津氏領五ヶ所＝安江村・奥村・青崎村・直江村・中大浦村の知行を安堵するように命令があった[23]（第四章参照）。

以上、十五・六世紀の倉月荘では複数の領主と複数の「村」が並存した。ただし、これらは同荘のことだけではなく、広域に確認されるところであった。例えば、筆者は別に近江国奥嶋荘・津田荘を事例に、十五世紀前後に複数の「村」が別々に行動する様相をとらえた[24]。そこでも奥嶋・白部・円山・王浜（以上奥嶋荘）、北津田・中庄・南津田（以上津田荘）の各村がそれぞれ一個の交渉主体として領主権力と関係を築き、近世以降の集落へとつながった[25]。同じく倉月荘においても、なかにミニマムな「村」が成立する上で、第一章・二章でみた領主権力との関係や、第三章・四章でみた各集落・勢力との関わり合い（交渉する能力）が不可欠であったとみられる。

三、倉月荘の「村」社会と河北郡・石川郡

一九八〇・九〇年代には地域社会論研究が盛んになり、そこでは村落史とも関連して多くの成果が生まれた[26]。これも序章で述べた通りである。しかし、その一連の研究に対しては制度の視点が弱いという批判があり[27]、例えば地域社会のなかで国郡制がどのように存在（関係）したかなど、問題がのこされていた。

そこで本書のうち特に第Ⅱ部では、地域社会の広がりと「郡」の枠組双方の視点を踏まえて、引き続きそこにおける「村」の様相を考察した[28]。

倉月荘の場合、例えば「加州加卜（河北）郡蒼（倉）月庄木越光徳寺」[29]や「加州石川郡倉月庄師（諸）江」[30]といった記載がみられ、同荘がふたつの郡にまたがり存在したことが知られる。そして、このように複数の郡にわたって存在する荘園の事例として本書では、ほかに越中国般若野荘（第六章・付章二参照）や能登国町野荘（付章三参照）についてもそれぞれ取り上げた。

ところで、先述の通り、十五世紀後半～十六世紀頃の倉月荘では本願寺勢力の活動が盛んにみられたが、その本願寺による加賀国支配は北・南二分（北＝河北・石川両郡。南＝能美・江沼両郡）のかたちで進められた。倉月荘においても例えば、天文五年（一五三六）の頃には、諸江九郎兵衛が河北郡・石川郡の「所々よりの志」を持参・上京することなどがあった。[31]

なお、一向一揆の事例にみられるような加賀国北・南二分の枠組は、より早い応永二十一年（一四一四）の加賀半国守護（北加賀と南加賀）補任以来のものと指摘される。[32]ただし、両郡（境界＝浅野川）にまたがった倉月荘域の始まりは遡ってみられ、[33]筆者も加賀北二郡にわたる枠組の形成については今後さらに検討を加える必要があろう。

また、同じ時期には「村」ごとでの活動が目立つようになり、下って大永四年（一五二四）頃には本願寺実如から河北郡四村（八田・大浦・千木・木越）の光徳寺廿八日講中へと礼状（「為志銀子三枚到来、…難有覚候」）が発給された。[34]これら四村や先述した諸江九郎兵衛が「志」を本願寺へ持参する動きなどは、「村」側が独自に領主権力・外部勢力との関係を構築しようとした動きと評価できよう。ここではそのような当該期における「村」々の主体性と、在地における「郡」のまとまりに注目したい。

一方、文明十三年（一四八一）頃、祇園社領苅野村（「真野軽賀野村」。現かほく市―旧宇ノ気町）への富樫政親による押領の停止が幕府から光徳寺や河北郡一揆中宛に命令された。[35]また、延徳二年（一四九〇）には、祇園社領苅野で「光徳寺押妨之儀」を同百姓中が「承引」したとして荘園領主より問題にされた。[36]これなどは光徳寺の勢いを百姓らが選択しようとしたのが実状ではないか。

さらに、天文五年には、光徳寺と金津荘（賀茂別雷神社領。現かほく市—旧宇ノ気町・高松町）との間で交渉が確認された。[37]そこでは金津荘「惣中」が、本願寺による光徳寺への「申付」に感謝した記載、同「惣中」・光徳寺・本願寺間の交渉も知られる。このように光徳寺は木越村や中大浦村など隣接した村だけではなく、この頃には河北郡における他村にとっても本願寺との窓口になった。

なお、荘園領主の賀茂社側は金津荘への光徳寺による「成敗」や「乱入」に対して逆に「迷惑」だと感じることもあった。そのように「村」と本願寺勢力（光徳寺など）、荘園領主はそれぞれ別の認識を持った（第三章参照）。その狭間で各「村」が登場したことになる。

以上、本書の第Ⅰ部からⅡ部にかけて、中世後期の地域社会と「郡」のかかわりについて考察した。当該期の「郡」は先述の加賀北二郡や諸国郡奉行の事例（第二章・三章・六章参照）に明らかな通り、守護など制度的枠組としての性格が顕著であった。また、地域社会における村々の広がりには限界（もしくは傾向）もうかがえ、その各「村」社会では「郡」もひとつの枠組になったのではないか。付章一・三で取り上げた般若野荘や町野荘の場合からも、「村」々と「郡」の交わりが同じように想定されよう。

さらに、先述した奥嶋荘・津田荘は近江国蒲生郡に含まれたが、そこでは「庄」がふたつの「郡」にまたがるのではなく、広域なひとつの「郡」のなかに「下郡」と「上郡」、さらに境界地域という三つの区域があった。[38]特に奥嶋荘・津田荘が含まれた蒲生下郡では長命寺の信仰圏や本佐々木氏（佐々貴山公氏）一族による勢力圏が確認される。このように「庄」の外側に広く展開した「郡」の枠組も多様なかたちをみせた。そして、この頃に荘園や国郡の枠組とかかわり、時にはそれも越えながら多様なかたちで「村」が立ち現れた。

むすびにかえて—倉月荘における〝線〟と〝面〟

以上みて来た通り、十五世紀頃より倉月荘では複数の「村」と領主権力、現代にも続く多様な「村」々が登場した。また、同荘は加賀国でふたつの「郡」（河北郡・石川郡）に掛かるひとつの「庄」（倉月荘）として存在し、十六世紀の前後にはそのなかで各「村」の主体性も確認されるようになった。

ところで、本書で注目したことのひとつめとして、荘園のなか隣合うミニマムな「村」が、中世後期にそれぞれ一個の交渉主体として独立し活動を始めたこと、その「村」々がのち近世以降（現代まで）の集落につながって行く点があげられる。[39] そして、各「村」は複数の領主権力や隣村—外部勢力との関係（第一章・二章参照）があってこそ成立し、それらとのかかわり方や立地条件などに影響され多様なかたちで存在した（第四章参照）。さらに加賀国の場合、それに加えて一向一揆（「村」外部勢力の一例）の動向も大きく関係した（第三章参照）。

また、本書で明らかになったことのふたつめには、同じく各「村」に荘園・国郡などの制度的枠組もかかわった点があげられる。その点を意識した上で倉月荘と河北郡・石川郡に着目したことで、本書の第六章をはじめ第Ⅱ部各章につながった。すなわち、中世の土地制度としては荘園制が広く展開し、そのもと「庄」は中世後期に細分化、各「村」へと機能を凝縮させた。一方、「村」々はより広域な「郡」の枠組、その広がりのなかで活動した。

そして、筆者はこれらを在地社会における〝面〟と制度的な枠組である〝線〟に例えたい。すなわち、権力・国家には制度上の〝線〟を引く志向があり、一方の在地社会では流通・信仰などにみられる通り、活動圏を〝面〟的に展開する傾向があった。在地社会における〝面〟が〝線〟引き認証を欲したとも言え、それら〝線〟と〝面〟の重なりのなかで近世以降の「村」が誕生した。ここではその流れを倉月荘（や第五章・六章・付章の各地）の事例におさえて、本書を一旦閉じたい。

【註】

（1）橋本秀一郎「加賀国倉月庄について」（『石川歴史研究』二、一九六一年）。
（2）『日本歴史地名大系一七　石川県の地名』（平凡社、一九九一年）、浅香年木「加賀国」（『講座日本荘園史』六、吉川弘文館、一九九三年）、『金沢市史』通史編一（二〇〇四年）。
（3）勝俣鎮夫「戦国時代の村落」（『戦国時代論』岩波書店、一九九六年・初出一九八五年）、榎原雅治「地域社会における「村」の位置」（『日本中世地域社会の構造』校倉書房、二〇〇〇年・初出一九九八年）。
（4）各「村」は、例えば一向一揆のなかであらわれたように（本書第三章参照）、それぞれが外部と交渉する一個の主体となった。
（5）暦応四年八月七日摂津親秀譲状（美吉文書）。なお、本章の史料は全て『加能史料』によった。あわせて序章の【表】（倉月荘関係史料一覧）を参照のこと。
（6）康暦二年六月一日足利義満寄進状案（鹿王院文書）。
（7）応永二十四年十二月十三日摂津満親寄進状案（南禅寺文書）。
（8）『蔭凉軒日録』長禄二年十一月十九日・十二月二十日。
（9）永禄元年九月二十七日本願寺内衆下間氏連署奉書写（鹿王院文書）。
（10）（天文二十年）四月二十日松寺東西方百姓書状（鹿王院文書）。
（11）文明九年十月十五日室町幕府奉行人連署奉書（美吉文書）。

(12) 文明四年九月十六日延暦寺大講堂集会議定書写(来迎院如来蔵聖教包紙)。
(13) 註2『日本歴史地名大系一七　石川県の地名』。
(14) 浅香年木「一向一揆の展開と加賀国大野庄」(『中世北陸の社会と信仰』法政大学出版局、一九八八年・初出一九八一年)、註2『金沢市史』通史編一、竹間芳明「加賀北二郡の自律性」(『北陸の戦国時代と一揆』高志書院、二〇一二年・初出二〇〇五年)、神田千里『一向一揆と石山合戦』(吉川弘文館、二〇〇七年)。
(15) 註1橋本論文、『福井県史』資料編四(一九八四年)
(16) 永正十六年一月十日浄正屋敷売券(勝授寺文書)。
(17) 四月一日本願寺実如書状(光徳寺文書)。
(18) 『薩戒記』応永三十三年九月三日、享禄二年二月四日中山康親名主職補任状案(松雲公採集遺編類纂)。
(19) 明応九年十一月十三日室町幕府奉行人連署奉書(美吉文書)、永正二年十月十八日室町幕府奉行人連署奉書(同)。
(20) 文明十七年九月二十一日室町幕府奉行人連署奉書(美吉文書)。
(21) 『蔭凉軒日録』長禄二年十二月二十日。
(22) 『後法興院政家記』文明十八年八月二十四日。
(23) 『天文日記』天文五年十月二十二日。なお、この「五个所」のうち奥村(興保)と粟(青)崎村はそれぞれ小坂荘と大野荘に境を接する、これらも特徴的な村であった(本書第四章参照)。
(24) 若林陵一「中世後期地域社会における「村」と領主・「郡」」(『歴史学研究』九八九、二〇一九年)。
(25) これらと同じような変遷・事例が、和泉国日根荘入山田村や丹波国山国荘本郷・枝郷など各地で多く知られる。註3勝俣論文、榎原論文、坂田聡「村社会と「村人神主」」(『家と村社会の成立』高志書院、二〇一一年・初出一九九九年)、坂田編『禁裏領山国荘』序章(高志書院、二〇〇九年)。

(26) 歴史学研究会日本中世史部会運営委員会ワーキンググループ（稲葉継陽・田中克行ほか）「「地域社会論」の視座と方法」（『歴史学研究』六七四、一九九五年）、註3榎原論文。
(27) 池上裕子「中世後期の国郡と地域」（『日本中近世移行期論』校倉書房、二〇一二年・初出二〇〇〇年）、川岡勉「室町幕府―守護体制の変質と地域権力」（『室町幕府と守護権力』吉川弘文館、二〇〇二年・初出二〇〇一年）。
(28) 特に本書第五章では、複数の地域を舞台に「村」社会をめぐる枠組をとらえることに努めた。
(29) 文明三年六月二十五日親鸞絵伝（珠洲市西光寺所蔵）。
(30) 天文十二年一月十三日方便法身尊像裏書（正覚寺文書）。
(31) 『天文日記』天文五年一月七日・九月四日、（天文五年）九月四日本願寺証如書状（得照寺文書）。
(32) 竹間芳明「加賀北二郡の結集と一揆」（註14竹間『北陸の戦国時代と一揆』初出二〇〇二年）、註14竹間論文。竹間氏はこの二郡の形成を国人一揆、在地勢力の動向と結びつけた。
(33) 例えば、建武四年八月十四日足利尊氏御判御教書（池田氏収集文書）にみえる倉月荘松寺村は河北郡内、近岡・南新保・諸江村は石川郡内に位置した。
(34) 註17本願寺実如書状。
(35) 室町幕府奉行人奉書写（八坂神社文書）。
(36) 延徳二年八月十七日某書下案（八坂神社文書）。
(37) 『天文日記』天文五年四月・九月・六年十二月。
(38) 註24拙稿。なお、近江国蒲生郡と奥嶋荘・津田荘については、今後別冊を用意したい。
(39) 註24拙稿。

あとがき

私は大学・大学院時代（一九九四年から二〇〇五年まで）を宮城県仙台市内で生活し、そこでは大石直正先生（東北学院大学文学部―当時）、入間田宣夫先生（東北大学大学院国際文化研究科―当時）、平川新先生（同）にそれぞれ卒業論文・学位論文の（主）指導教官をしていただいた。各先生には史料の読み方、調べ方から論文の書き方までたくさんのことをお教えいただいた。特に私は、仙台市で大石先生にお会いしていなければ、ここまで日本史の専攻、勉強を続けることはなかったかもしれない。大石先生は一昨年にお亡くなりになり、本書を謹呈しお教えを頂戴することは叶わなくなってしまった。心よりご冥福をお祈りいたします。

仙台市では、ほかにも大学・大学院時代の教官・ＯＢ・院生・学生、勤務先の上司・同僚にめぐまれたが、ここでは柳原敏昭氏、菅野正道氏、七海雅人氏、鴇崎哲也氏、丸山仁氏のお名前を表記させていただく。その後も実家石川県金沢市や滋賀県東近江市・岐阜県高山市・新潟県糸魚川市など職場・居住地を転々とし、また史料調査や研究会に参加するため、各地に度々足を運んだ。そこでも多くの方たちのお世話になり、特に東京の蔵持重裕氏、金子拓氏、川本慎自氏にはそれぞれ二十年以上お付き合いいただいている。

そして、二〇一一年に仙台市を離れた後、私は各地での職場の一方、金沢市で生活することが多くなったが、丁度その頃に金沢大学大学院人間社会環境研究科で教鞭を取られていたのが、黒田智先生（現早稲田大学）であった。黒田先生には本書執筆の上でも多く指導を賜っただけでなく、出版社の紹介までお願いした。黒田先生が当時金沢市におられなければ、私はそのまま研究を続けることさえできていなかったかもしれない。金沢市では、同じく木越隆三氏、平瀬直樹氏、永井隆之氏のお世話にもなった。

さて、私は、先ほどからこの「あとがき」を書いていて、思い出す話があちらこちら各地を舞台にして、頭が混乱しそうになっているが、それ以上にお世話になった方たちへ感謝の思いがこみ上げている。これは、やはり私が日本史を専攻して来たなかで、本当に多くの方たちに助けていただいた（いただいている）ことの証しだと思う。お一人お一人の名前をあげると、それだけで数頁になってしまう。思い出も尽きなくなるので、ここでは無礼をお許しいただきたい。皆さま大変ありがとうございました。

本書の編集を担当して下さった桂書房の宗友実乃里氏と、最後にこれまで私を育ててくれた金沢市の両親にも感謝の意を表して、本書「あとがき」を結びたい。

令和五年八月　若林陵一

『中世「村」の登場―加賀国倉月荘と地域社会』初出一覧

序章（新稿）

第Ⅰ部　倉月荘の村々と領有状況

第一章「摂津氏領加賀国倉月荘における領有状況の錯綜と在地社会」（『地方史研究』三三五、二〇〇八年）

第二章「室町期・戦国期の加賀国倉月荘の「村」々と在地社会」（『加能地域史』五八、二〇一三年）

補足（新稿）

付章一「加賀国得橋郷の村々と中世社会」（『人間社会環境研究』三六、二〇一八年）

第三章「加賀国倉月荘の「村」と本願寺勢力・一向一揆」（『北陸史学』六九、二〇二〇年）

第四章（新稿）

第Ⅱ部　中世後期の「村」社会と郡・庄―倉月荘と近隣・他荘の村

第五章「中世後期の村落間相論にみる村社会と枠組」（高橋典幸編『生活と文化の歴史学五　戦争と平和』竹林舍、二〇一四年）

第六章「中世後期加賀国倉月荘・越中国般若野荘にみえる村社会と社会の枠組」（『史苑』七五―一、二〇一五年）

付章二「中世後期越中国般若野荘における社会の枠組」（『富山史壇』一八五、二〇一八年）

付章三「能登国町野荘をめぐる郡と地域」（『十六世紀史論叢』一三、二〇二〇年）

第七章（新稿）

初出一覧

※本書では表記統一などのため一部を改めたが、各章とも内容に変更はない。

地名索引

【著者】

若林陵一（わかばやし りょういち）

1976年2月 石川県金沢市 生まれ
1994年3月 石川県立金沢桜ヶ丘高等学校 卒業
1998年3月 東北学院大学文学部史学科 卒業
2000年3月 東北大学大学院国際文化研究科博士課程前期 修了
2005年9月 東北大学大学院国際文化研究科博士課程後期 修了
2017年5月 金沢大学大学院人間社会環境研究科 客員研究員（2023年3月迄）
2023年7月 金沢市立玉川図書館総務課年度契約職員（9月迄）

職歴：
仙台市市史編さん室臨時職員・東近江市史編纂室嘱託職員・
高山市文化財課年度契約職員・糸魚川歴史民俗資料館年度契約職員 等

中世「村」の登場 ――加賀国倉月荘と地域社会

定価 2,700円＋税　　2023年10月23日 初版発行

著 者 若林陵一
発行者 勝山敏一
発行所 桂書房
〒930-0103 富山市北代3683-11
TEL 076-434-4600 | FAX 076-434-4617

印 刷 モリモト印刷株式会社

地方・小出版流通センター扱い

 ISBN978-4-86627-141-5